吵架沒勝算、
約會嫌麻煩、腳踏兩條船……
各種奇葩的諮商個案，
教你怎麼分手分得好看！

九顏——著

戀愛諮商師的

八堂分手課

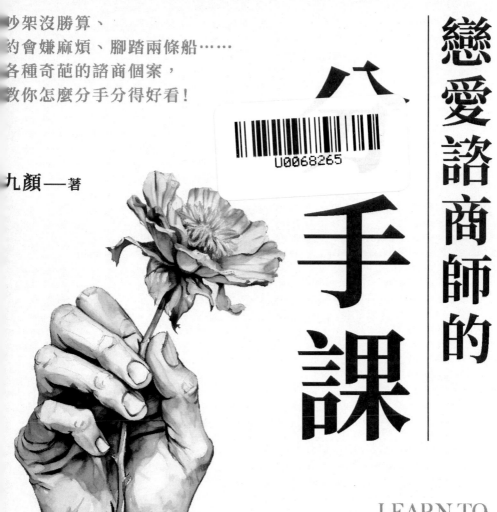

LEARN TO
SAY GOODBYE

情侶間的微妙關係難以捉摸，吵架分手的原因更是無奇不有，
如何在愛中找到最恰當的平衡點？兩人走到盡頭又該怎麼說再見？

相處訣竅 × 價值取向 × 戀愛心理 × 復合時機……的案例分析！
想知道對方是真命天子還是情場浪子，
這本書來解釋解釋！

目錄

目錄

第三章
如何度過分手後的第一夜

第四章
有多少分手可以挽回

第五章
挽回大師的十三項祕笈

目錄

前言

年少時總以為，愛情如磐石、大海、常青樹，堅貞、博大而常青。長大後才發現，愛情如同塑膠、皮革、絲綢，也會變硬、變冷、變脆，稍不留神就會斷裂。

相愛只需要一點點荷爾蒙，相守則需要巧手經營。兩個人在一起生活，豈止是一項藝術，簡直如修萬里長城一般，是一項艱苦的工程。

相守的戀人都是相似的，分手的戀人則各有各的理由：也許是性格不合，也許是三觀不同，也許是分隔兩地，也許是父母反對……

分手之後，被分手的一方往往會陷入巨大的痛苦，總想著挽回前任。但是如果挽回的方式不對 —— 如「一哭二鬧三上吊」，反而會將對方推得更遠。

那麼，什麼才是正確的挽回方式？

在諮詢與指導數萬起挽回案例的基礎上，筆者將導致分手的原因、即將分手的跡象、分手後的心態調整、分手後的挽回方式、挽回後如何進行後續的情感經營等等，一一進行詳細解析。

前言

透過閱讀本書，你將懂得：

💜 與伴侶的矛盾衝突不斷升級導致的分手，應該如何及時化干戈為玉帛，拉近心靈的距離；

💜 與伴侶兩地分隔，不能給予彼此應有的陪伴導致的分手，應該如何解決實際困難，讓對方真正感受到你的真心和誠意；

💜 父母反對導致的分手，應該如何重塑自身形象，贏得對方家庭的信任與好感；

💜 如果分手後對方迅速開始新戀情，是否還有必要挽回；

💜 如果分手後對方還與你正常聊天，是否真的代表可以挽回；

💜 如果分手後對方封鎖了你的所有聯絡方式，是否還有挽回的可能；

......

曾經有一首歌這樣唱道：「有些人走著走著就散了，有些事看著看著就淡了，有多少無人能懂的不快樂，就有多少無能為力的不捨。」

當對方跟你走散，請別一味傷感，馬上打開本書學習愛情挽回術，你會在下一個街口追上他（她），擁抱他（她）。

這次，請你抱緊了。

九顏

第一章
從牽手到分手的距離

「我們曾相愛,想到就心酸」 —— 一句歌詞唱出了多少人深埋心底、不肯示人的傷痛。有的人,錯過了就是一輩子。別說相守,就是相見,也會變成一種奢望。

在午夜夢迴時,你是否認真想過,當初究竟為什麼分手?

說出你想要的口紅色號，才能避免收到「死亡芭比粉」

一次，我和女朋友去餐廳吃飯，聽到鄰桌兩位女孩在「吐槽」。

其中一位抱怨，男友竟然送她「死亡芭比粉」的口紅。

另一位問：「你之前告訴過他，你想要什麼色號嗎？」

「這種事情還需要我告訴他嗎？再說，如果直接說出來，收禮物還有什麼驚喜？」

女朋友一臉嫌棄地吃著飯，淡淡地說了一句：「這個女生真的有病。」

並不是我女朋友情商有多高，而是她過去的戀愛經歷讓她在處理這種問題的時候更加成熟了 —— 想要什麼她都會直說。你幫她做到了，她會很開心；你做不到，她也會表示理解。

「新出的那個色號挺好看的，但是我沒錢了，你能送我一個口紅嗎？」

「要打電話出去打，沒看見我正在看電視劇嗎，吵到我了！」

這就是我們的日常交流。

我們的感情非常好，她從來沒讓我猜過什麼，直來直往。

女朋友說，只有不成熟的小女孩才會在這種事情上讓男朋友猜來猜去。

原因有兩個：

1. 她們還不知道，即使關係再親近，對方也不可能了解你的全部想法；
2. 對於你的訴求，對方能有個回應，願意為你去做一些事情，已經很不容易了。

我們先說第一條。

我十分理解為什麼有的女孩子會有這樣的表現，因為在很多女孩子心中，男朋友是最親的人了。

所以她們生氣的背後，透露著一種失望：我們兩個人的關係這麼親近，這種事情是你本來就應該知道的，不需要我說才對。

但是，人的想法本身就是複雜的，陪伴我們二三十年的父母有時候都猜不出我們的心思，又怎麼能指望一個相識不久的人完全了解你呢？

再來說第二條。

上面介紹過，即使關係再親近，對方也不可能了解你的全部想法。這就意味著：有時候，你認為理所當然的事情，別人會覺得不可理喻。

就好像你從來不玩遊戲，當然會覺得把時間和金錢浪費在這上面毫無意義，一個遊戲有什麼好玩的；但是在男生看來，遊戲帶來的好處實在太多了，如放鬆壓力、發洩情緒，甚至能維護兄弟情義……

因為你們本就是兩個人，所以，如果你不說出自己的訴求，對方就沒有辦法做你期望的事情。這樣解釋，你是不是就認為合理了？

　　他不是不對你好，也不是故意和你唱反調，他根本就不知道你想要的禮物是哪一個，如何買來送給你？

　　但是，如果你說出自己的訴求，對方願意去做一些事情滿足你的願望，不就已經是特別愛你的舉動了嗎？

　　就像上面那個女孩的事情，仔細想想，現在年輕人手頭都不寬裕，男朋友知道你愛化妝，願意買口紅給你，不就已經很好了嗎？

　　雖然沒有買到你喜歡的色號，但是你不說出自己想要的是什麼顏色，他怎麼會知道呢？他知道你喜歡化妝品就不錯了。

　　因此，如果想要什麼，可以直接說，不要覺得這麼做沒意思。

　　你要明白：你提出要求，對方願意盡力做到，就已經顯示他對於你，對於你們之間的關係，是非常重視的。這段感情，是值得走下去的。

送禮物被女友嫌寒酸，這樣的感情還要繼續嗎

　　曾經有一位大學男生找我諮詢，原因是，他省吃儉用一個月，存了 10,000 元，在情人節時給女友買了一個中檔品牌的包。結果女友嫌禮物寒酸，讓她丟臉，兩人陷入冷戰。

在這裡，我們暫不考慮這個禮物是否寒酸，先討論一下，給女朋友送禮物，該怎麼送，才能達到最佳效果。

首先，我們可以將禮物分為兩種類型：

第一種是實用性禮物，第二種是炫耀性禮物。

實用性的禮物是女朋友平時需要用到的、解決特定需求的禮物；炫耀性禮物是用來撐場面的、可以贏得別人羨慕嫉妒恨的禮物。

很多時候，男生以為女朋友生氣是因為禮物太便宜，事實並非如此。

我讀大學時交往過一個女朋友。冬天到了，我花了幾百元，給女朋友買了一大箱暖暖包，女朋友感動地說：「你真貼心」；上課的時候，我聽女朋友上臺報告時喉嚨沙啞，第二天就買了潤喉糖給她，不到 50 元，女朋友說：「還是你最心疼我」。

但是，設想一下，如果我花幾百元買一支口紅或者或上千元買一瓶香水給女朋友，大概會被她嫌棄，即使我在這個禮物上花的錢比前兩個禮物加在一起都要多。

這是為什麼呢？

因為前兩者是實用性禮物：冬天，女朋友出門被凍得瑟瑟發抖，暖暖包恰好滿足了她的實際需求；她嗓子不舒服，潤喉糖剛好可以幫她潤潤嗓子。所以，對於這兩種禮物，她不看重價格，只要實用，就送進了她的心坎裡。

但是後者更像是炫耀性禮物：這個女生收到禮物後，她的室友、閨蜜都會過來圍觀。這個時候，如果禮物很便宜，這個女生會沒有面子，會感覺自己特別丟臉。

　　我再舉一個例子：平時出去吃飯，你請女朋友吃一頓麻辣鍋，可能會令她高興半天，因為她不止一次在你面前說，她最近想吃麻辣鍋。

　　但是，如果在週年紀念日的時候，你帶她去吃麻辣鍋，你猜女友會不會當場發飆？

　　因為在週年紀念日這樣重要的日子，女生是很有可能去向朋友炫耀的。

　　如果出現在網路貼文中的是你們一起吃麻辣鍋的場景，那麼傳遞出來的資訊可能有兩個：一是「我的男朋友沒錢」，二是「我的男朋友對我不重視」。

　　那麼，這還能構成一種炫耀嗎？恐怕女朋友只會覺得丟臉吧！

　　現在，我們回到之前的話題。

　　送中檔品牌的包給女朋友當作情人節禮物，女朋友產生不滿情緒，其實是有道理的。因為在這個很重要的節日裡，禮物的炫耀性是大於實用性的。

　　當她想要收到一個值得炫耀的禮物時，卻收到了一個不值得拿來炫耀的東西，她不開心也在情理之中。

　　所以說，男生在送禮物給女朋友的時候，需要遵循這樣

一個原則：

送實用性的禮物時，從小事入手，解決對方的實際需求；送炫耀性禮物的時候，不應該選擇太日常化的東西。

我們先來說實用性的禮物，如：女朋友例假的時候買薑茶，下雨的時候送雨傘，泡圖書館的時候給她準備一個小抱枕……

再來說炫耀性的禮物，這樣的禮物沒有必要經常送，但是只要送，就要送得大方得體，讓對方有驚喜的感覺。

比如我們在前段提到的男生，同樣是花 500 元，如果不買中檔品牌的包，而是買一大束玫瑰花送給女朋友，效果是不是會好很多？

因為對於女孩子來講，中檔品牌的包只是一個普通的日常用品 —— 甚至她平時自己買的包可能都比這個好，所以她收到禮物時是沒有驚喜的；但是一大束玫瑰花，是她平時不會經常收到的 —— 不僅她不會經常收到，她的閨蜜、室友同樣不會經常收到，這個時候，她才會產生被羨慕的優越感，而你送禮物的目的也就達到了。

所以說，對於炫耀性的禮物，要麼不送，要送就要送出效果，即讓周圍的人羨慕。

男生不秀恩愛是不是就代表不喜歡女朋友

在一些人的觀念裡，男生不願意在社交平臺發布動態是很正常的事情。所以當女生質疑男朋友為何不在網路社群秀恩愛的時候，總有一些人勸女生要「懂事」，要「識大體」，要「理解男朋友」。

但是，我非常不贊成女生在這件事情上選擇「懂事」和「理解」。

女生普遍很敏感，又缺乏安全感。

在戀愛中，女生的安全感來自兩個方面。

一種是自己給的。如果這個女生又漂亮又優秀，又自信又獨立，那麼她可以給自己足夠的安全感。

另一種是伴侶給的。只要女生不是那種本身就喜歡胡思亂想的人，如果男朋友能夠做到最基本的體貼和忠誠，一般也是能夠獲得足夠的安全感的。

男朋友不在社交平臺秀恩愛，我們似乎不能因此就武斷地判定他不體貼、不忠誠，或者不愛自己的女朋友；但是，這種行為確實會令女生感到一些不安。

對於這種情況，我一般建議女生坦誠溝通，表達希望對方公開戀情的意願。

不管對方是出於什麼原因不想在社交平臺公布戀情或秀恩愛，身為女朋友，首先需要做的不是指責對方，或者質疑對方的感情；而是坦誠溝通，了解對方為什麼不想秀恩愛，

並表達自己希望對方公布戀情的意願。

可是，如果你再三要求以後，對方還是不願公開戀情，並且找各種理由搪塞，身為女生，就需要重新考慮一下彼此之間的關係了。

我在現實生活中見過太多這樣的例子了。

有一些人，在大學畢業後獨自來到新的城市。此時，他和大學時期的戀人並沒有分手，但是在新的工作環境、生活環境中認識了有好感的異性，於是一邊積極地跟新人發展關係，謊稱自己是單身；一邊欺騙大學時期的戀人，拖延著不分手。

結果，腳踏兩條船，兩邊騙，兩邊瞞，享受兩邊福利和兩份愛，還要求兩個戀人都對自己專一，真可謂「享盡齊人之福」。

但是，紙包不住火，終於有一天，事情敗露了。

原來，他的新女朋友總覺得他很奇怪——不僅從不在社群發布兩人相處的照片和日常情況，而且從來不介紹自己的同學、朋友給她認識；更令人生疑的是，每逢特殊節日，比如情人節、七夕、聖誕節等情侶集體秀恩愛的日子，男生要麼出差，要麼加班，很少能給予正常的陪伴。

後來，他們一起出去玩的時候，女生刻意拍了兩人的合照，放在了網路社群上，並且標記了這個男生。結果可想而知，這篇貼文被男生遠距離交往的女朋友看到了。

最後，兩個女生都了解了真實情況，都向這個男生提出了分手。

因此，對於男朋友從不在社交平臺展示戀情這件事，女生真的不能隨隨便便就抱著「我要懂事」、「我要理解他」這種想法，該溝通的時候就要溝通，該提出要求的時候就要提出要求，以免被居心不良的男生耍得團團轉。

如果男朋友真的喜歡你，是認真和你交往的，一般在交往初期就會恨不得向全世界「宣示主權」。

我們舉幾個例子吧！

男人大都是很愛面子的，如果你是個回頭率超高的美女，你的美貌完勝他所有好友的女朋友或老婆，你覺得，他會不帶你去朋友面前炫耀嗎？

如果你是一個整體條件特別好的女生，他就算不在社群軟體上秀恩愛，也會非常想要快點把關係確定下來，帶你去認識他的朋友。

大家都清楚，優質的女生十分稀少，尤其是他對你的各方面條件都非常滿意的話，怎麼可能不想先「占著」呢？

可是，如果你只是個普通女孩子，他對你不是很滿意，也沒有特別喜歡你，那麼，當你意識到他的舉動「不太正常」的時候，那麼多半你就是個「隱形女友」。因為他根本不重視你，卻想繼續享受身為男朋友的待遇。

如果男生喜歡自己的女朋友，即使真的不喜歡在網路上

秀恩愛，但是當對方要求公開戀愛關係的時候，他會這樣回答：「我覺得戀愛是兩個人的事情，沒有必要告訴所有人。但是我尊重你，如果公開我們的關係可以滿足你的安全感，我可以公開彼此的戀愛關係。」

但是，如果男朋友總是用「不喜歡秀恩愛」、「不是自己的風格」、「女生真是麻煩」、「我覺得好累」、「社群上有很多同事，沒必要讓所有人知道」等理由去搪塞你，而且在你反覆提出公開戀情的要求後依然如此，那麼，很大機率上這個男生是有問題的。

當然，還有一部分男生，雖然在你的強烈要求下，在網路社群公布了戀情，但是，這條貼文設置了僅女朋友可見。這樣的情況，問題就更嚴重了。

這個「問題」不一定是實質意義上的出軌，而是「公開戀情」這個行為會威脅到他的潛在利益。

舉例來說，他可能是一個長得不錯的年輕人，平時喜歡用曖昧去籠絡女性客戶，可是如果公開表示他有女朋友，那麼一些潛在的女性客戶就可能流失，導致他失去一些業務；還有可能，他有不少曖昧對象，一旦公開戀情，曖昧對象就可能離他而去。

如果他還不想為你「放棄整片森林」，就會出現很多考慮「成本」的想法。

我曾經見過太多的人，無論男女，對自己的另一半不夠

滿意的時候，就不想讓任何人知道，可是自己還想繼續享受身為對方戀人的福利，於是就用藉口遮掩搪塞對方；而對於自己特別喜歡的戀人，大部分人雖然不會特別刻意地秀恩愛，可是偶爾發出來，也不會介意。如果他介意，你就要好好想想，他「介意」的原因是什麼。

面對真正的愛情，你可以放心地當個「傻瓜」，這樣的「傻瓜」安心又甜蜜；在另外一些情況下，雖然真相可能會刺痛人心，但還是早些認清比較好。

如果是誤會，就好好溝通，讓對方了解自己的態度，如果對方做出了積極的回應，那麼雙方還可以繼續走下去；如果不是，若不想受盡委屈，最好趁早離開對方。

男朋友一天不聯絡你，是否代表不愛你

做情感諮商這一行，我聽過不少女生抱怨，男朋友追自己的時候，每天有事沒事就傳訊息來找自己聊天；但是現在，有的時候一整天都不聯絡自己，是不是厭倦了，不愛了。

對於這樣的問題，我們往往有一個通用的準則：如果未明確告知對方，那麼不能責怪對方；如果明確告知了對方，那麼不能責怪自己。

要求對方一天至少聯絡自己一次，和「我們要不要過情人節」這種問題本質上是一樣的：兩個人的兩種觀念，在一

個問題下，因為缺乏默契而出現了碰撞。

　　女生一般會覺得，情侶之間每天聊天是很正常的事情；但是很多男生可能會覺得自己一天不聯絡女朋友毫無問題，因為以男生的直線思考模式，通常會這麼說：「我覺得沒什麼事也不用整天聯絡吧！」

　　每年的情人節，我都會收到無數類似的諮詢問題，很多女生都在抱怨男朋友不跟自己過情人節。但是有一說一，對於很多男生來說，他們根本就沒有「過情人節」這個概念。

　　我們轉換回「情侶之間是否需要每天聯絡」這個問題也是一樣的。

　　如果你沒有和男朋友提前說明情況，對方都不知道你對於這件事有訴求，你就直接表現出不滿和憤怒是一點用都沒有的。因為在這個時候，對方只會一臉茫然地問你「我做錯了什麼嗎？」你的憤怒和不滿就像打在空氣中的拳頭一樣虛弱無力，還會被對方這種「不知道發生了什麼」的狀態氣得夠嗆。

　　所以在這個問題上，首先要注意的事情是：你明確地對男朋友表達過自己的訴求嗎？對方明確地知道你想要什麼嗎？

　　有的女生可能會說：「這種事情我怎麼和他說？如果我和他說了，他依舊不理我怎麼辦？」

　　對於這些疑問，我們逐個來解決。

1 這種事情怎麼和他說

其實表達自己的想法和訴求並沒有那麼難，你坦誠直接地講出來：「我希望你能每天多少和我說上幾句話，雖然有的時候沒有什麼事情，但即使你只是告訴我，今天你什麼時候下班，吃了什麼，我都會十分開心。」

這種表達方式有一個要點，就是讓對方知道「你只能依靠他」。

比如：「親愛的，你要知道，我的生活其實很無趣的。正因為有了你，我的生活才變得豐富起來，所以我十分希望你能和我講講你每天都做了什麼，跟我分享一些好玩的事情。這不僅是因為我很關心你的一舉一動，還因為除你之外，沒有人可以和我聊這些日常事情了。」

男生都有著強烈的英雄情結，面對女朋友的簡單需求，男生一般不僅會欣然答應，還會為此而產生一定程度的自信心。

2 如果我說了，他依舊不理我怎麼辦

如果你已經明確告訴他，希望每天都與他進行一定程度的溝通，但是對方依然對此不理不睬，那麼你就完全有理由生氣了。無論是冷戰、吵架，還是其他方式，這個時候都可以表現出來。

這個時候你需要讓他意識到：「你的行為已經令我感到

十二分不滿，如果你再不改進，我們的關係就危險了。」

這不是「作」，而是一個正常合理的訴求。

我從來都不信什麼「雖然我和你談戀愛，但是我要做我自己」這種鬼話，因為在我看來，任何一段長期關係都會改變一個人的樣子，我們都會試著去為對方做出讓步和妥協。

兩個人都已經談戀愛了，已經彼此綁定了，就不可以再打著「我要做我自己」的旗號在這段感情當中毫無作為了，那樣很自私。

所以，如果女生沒有講出自己的訴求，就因為男朋友長時間不和自己聯絡而生氣，這是不講道理的，因為你不能要求對方在不了解你需求的情況下就做到百分之百迎合你。但是，如果你已經明確表達了希望彼此每天聯絡，而對方還是不予理睬，則說明他很自私，不願意為了這段感情而做一些適當的改變。

所以，關於男朋友一天不聯絡你，是不是代表厭倦了、不愛了，你需要先問問自己：之前有沒有清楚地表達過自己的訴求。

如果沒有，那麼你需要做的是好好溝通。

如果你已經表達了，那麼現在你要做的是，表現出你的不滿，告訴他：「你要為這段關係做些什麼，不然我們沒法相處。」

為什麼男友堅持和你分手？因為你太「作」了

就在前幾天，一個女生在凌晨兩點十萬火急地傳訊息給我說，男朋友大半夜離家出走，問我該怎麼辦。

正昏昏欲睡的我，定睛一看女生發來的內容，一下子就清醒了。

事情的大致經過是這樣的：

男生晚上參加公司的飯局，之後和一個順路的女同事共乘回家。女生恰巧在陽臺上看到了這一幕，回到家後便開始喋喋不休地審問男生。

男生解釋說：從那麼遠的地方回來，共乘回家可以省下一半的車費，況且那個女同事有男朋友，自己真的沒有拈花惹草。

女生就是不信，憑藉著第六感，就是懷疑「這兩個人有問題」，於是搶了男生的手機，要打電話給該女同事對質。

男生爭不過她，只能狠狠地放下一句話：「你要是敢打電話給她，我們就分手。」於是，男生扔下手機，轉身離去。

後來，這個女生不僅給那個女同事打了電話，還把對方的網路社群翻了個徹底，甚至還用男朋友的語氣試探了其他男性同事的口風，都沒有查到男友出軌的證據。

當女生意識到「真的是自己想多了」時，距離男生離開家已經過去三個多小時了。

這就是非常典型的「作死」行為：不相信對方的解釋，不相信伴侶的所言所行，不考慮伴侶的社交關係和感受，非要透過非常極端的試探行為，自己才會感覺安心。

所以我經常思考一件事：女生，你為什麼控制不住自己去「作」？

原因很簡單，「作」的背後映襯的是「低自尊」。

一般來說，高自尊的人在遇到問題時，對於自我的認可度是很高的，她們願意相信自己的魅力和實力，不到萬不得已，不會逼迫伴侶去做無法接受的事情。

相反，低自尊的人往往不認同自己的價值，遇到事情的時候極其敏感，總是擔心對方背叛自己、拋棄自己。

「我都這麼愛你了，你為什麼就不能包容我的小脾氣？」這其實就是很多愛「作」的人內心最真實的寫照。

在這種控制欲下，她們開始敏感焦慮、患得患失，甚至時常產生「伴侶不愛自己」的想法，並不斷搜尋一些蛛絲馬跡，向伴侶施加壓力，讓對方多在乎自己一點。在這種不平衡的心理落差下，「作」就開始了。

你明明想讓伴侶多愛你一點，可是你做的所有事都將伴侶越推越遠 —— 這就是「作」的後果。

說句很真實的話，喜歡「作」的女生，往往想不明白以下三件事。

1. 在兩性關係中，每個人都有著與自己價值底線相關的「容忍度」，你覺得自己這麼做沒問題，不代表對方可以容忍你這麼做。

2. 「作」和「博得關注」不是一回事，兩者存在著本質上的差別。「作」或許可以讓對方暫時很在乎你，努力做出一些事來讓你消氣、哄你開心，但是同時也很消耗對方的耐性。如果你經常「作」，總有一天會將對方的耐性都消耗光。

3. 男生不是接受不了你「作」，但這個容忍度應在合理的區間內：上限取決於他對你的愛意和耐心，下限取決於最基本的道德底線。只有在這個範圍內，你才可以為所欲為。

其實「作女」們都有一個共性：明明自己很愛男朋友，但總是以一種傷害對方的形式來獲取自身的安全感。在「作妖」的時候，缺乏理智，往往只有對方妥協了，自己才會感到安心。

有趣的是，當女生真的把男朋友「作」跑了以後，總是補上一句：「可我是因為愛他才會那樣做的呀！」

但你的愛除了對他造成傷害，還有什麼用啊？

成為一個不「作」的女生，其核心就在於：你能以一種高自尊的姿態，過好自己的生活。

在現實生活中，很多女生並不能意識到自己是一個「作女」，她們總認為自己的懷疑是有道理的，自己發脾氣是理所當然的。

下面提供一些對照標準。

1. 經常懷疑男朋友出軌或者有曖昧的對象。

2. 喜歡查看男朋友的手機，看看他最近和哪些女生聊過天，轉帳記錄中有沒有給其他女生發的紅包，團購訂單上有沒有買他並不愛吃的奶茶和甜品。

3. 面對男朋友的解釋，一律選擇不信任，非要大吵一架、大鬧一場才甘心，甚至找男朋友的同事、朋友核實資訊，給對方造成很大困擾。

4. 鬧著要分手後，心裡一直盼望對方能夠低姿態找自己認錯復合。如果對方遲遲沒有挽回的態度，就會感到很恐慌。

5. 如果對方真的因此放棄了這段感情，你會感到委屈、憤怒，甚至找對方認錯求和。

6. 如果對方拒絕復合，你會更加不甘心，認定對方出軌了，已經找好新對象了。在憤怒的驅使下，你會做出一些極端行為，比如電話簡訊轟炸，去對方公司吵鬧，甚至查對方的所有的網路社群帳號、跟蹤對方，企圖找到那個假想出來的「第三者」。

7. 如果對方同意復合，那麼要不了多久你可能又會重複之前不斷懷疑、不斷求證、不斷吵鬧的套路。

以上這些情況，如果你符合其中的三條，就需要思考一下，自己在戀愛關係中是不是需要做出一些改善。

首先，不要把戀愛當作生活的重心，不要把男朋友當作全世界。你要有自己的人生追求，有自己的愛好，有自己的交友圈。換言之，有這個男朋友，你的生活會多一抹亮色，如果沒有，你的世界也是五彩繽紛的。

其次，不要給對方太多的看管和限制。每個人都有正常的社交需求，無論是在工作中還是在日常生活中，他都不可能和其他異性保持完全隔絕的狀態。比如女同事幫忙處理了一項棘手的工作，請人家喝一杯奶茶很正常，並不算搞曖昧；女客戶生日，發一個 666 元的紅包給對方，只是維護客戶的正常手段，只要不是「520 元」這種有特殊含義的金額，就不需要特別敏感。

最後，如果真的無意中撞見對方有一些你認為不妥的行為 —— 記住，是無意中撞見的，不是你費盡心思調查出來的 —— 比如和閨蜜逛街的時候看見他和女生單獨在喝咖啡，這個時候你可以大大方方地走過去打個招呼，看看他們的反應；如果仍然有疑慮，過後還可以跟他說明自己的想法，要求對方給出一個合理的解釋。但是，一定不要指責，不要冷嘲熱諷，也不要吵鬧，心平氣和地說出自己的疑問就好。如果對方的解釋是合理的，那麼這件事就要徹底翻篇；如果對方支支吾吾，不能給予清楚的解釋，那麼你就需要認真考慮這段關係的走向了。

第二章
被分手有哪些跡象

在感情裡，我們總有許多無可奈何。看著曾經深愛的人漸漸走遠，最後消失不見，我們會湧現深深的無力感。事實上，我們真的無能為力嗎？

沒有無緣無故的相愛，也沒有無緣無故的分手。只要留心，一定可以在分手之前發現種種跡象，挽愛情大廈之將傾。

他真的像他說的那麼忙嗎

男生在想要分手的時候，會做出一種非常具有「男性特色」的表現：減少投資，從這段關係中抽離。

很多男生打算和女朋友說分手，都是從一句「我最近很忙」開始的。

「我最近很忙」這句話真的很好用：

你看，我最近很忙，所以我沒辦法去和你約會，所以我在物質上對你減少投入是合情合理的；

你看，我最近很忙，所以我沒辦法和你聊天，我在情緒和時間上對你減少投入也是合情合理的。

更棒的是，你沒辦法反駁我。你只要反駁我，那就說明你「不懂事」。

男生們不要忙著表示不滿，我知道你們的確會在某個時期內特別忙碌。但是請你們摸著自己的良心想一想：在因為「很忙」而不和對方聯絡的時候，你們真的會「減少投資」嗎？沒有，你們做的是「補償」。

我的老闆平時工作很忙，有的時候晚飯都不能回家吃。雖然他在時間上對伴侶的陪伴很少，但是他一直都帶著愧疚，所以他盡可能地給予家人豐富的物質生活：盡量滿足伴侶的一切物質需求，讓孩子接受最好的教育。

我的合租室友在每個季度末也會特別忙，忙到和女朋友

打電話都成為一種奢侈。但是這一陣忙碌的日子過去之後，他往往會特意多陪女朋友一段時間。

也就是說，當一個男生心中還有你的時候，不太可能出現長期的「減少投入」，他會以各種形式補償自己在某些方面的「缺席」。

而當一個男生以各種理由減少對你的陪伴和投資，並且長時間沒有做出補償的時候，別想了 —— 那就是擺明了想要從這段關係當中抽離。

突然增多的吵架，是因為你做得不夠好嗎

很多情侶在正式分手之前，都會出現經常吵架的情況。

有些女生在吵架之後會反省，是不是自己做得不夠好；甚至在分手之後還會一直懊悔，如果當初不跟他吵架，是不是就不會分手。

但是這些女生往往並不知道，你們不是因為吵架所以分手，而是因為對方想分手，所以在找碴跟你吵架。

這是男生在想要分手時的一個常見的表現 ——「引戰」。

要想理解男生「引戰」的原因，我們不得不提出一個概念，叫做「心理保護機制」。

對於天生具有「責任感」的男生來說，主動提出分手，且原因是「我不愛這個女生了」，會產生特別重的心理負

擔 —— 他們會自責，會覺得自己違背了當初的諾言。

但是，如果因為「這個女生不好了」、「這個女生變了」，甚至「這個女生已經配不上我了」，那麼在這種情況下主動提出分手，他們的內心就會好受很多。

因此，有不少女生在回憶前男友的時候，都能記起這樣一段經歷：那個男生在某個時期，特別喜歡和自己吵架。

之前女生做飯他一直都能吃，但是突然之間他開始覺得這個菜糊了，那個菜少放鹽了；之前女生看綜藝節目他都沒有表示反對，但是突然之間他開始覺得女生看綜藝節目是在浪費時間，不思進取；之前女生和朋友出去逛街買衣服，他什麼話都不說，但是突然他開始訓斥女生亂花錢……

我們按照正常的邏輯思考一下就會發現問題。

兩個人剛剛交往的時候，由於生活習慣等方面的差異，出現摩擦和碰撞是很正常的；但是交往那麼久都相安無事，最近卻忽然看你這也不順眼，那也不順眼，是不是很奇怪呢？

所以，如果你們之前一直相處得很好，倘若忽然他開始對你百般挑剔，那麼可以認為，他多半是在為分手做準備。

為什麼對她那麼好，卻還是被分手

來我這裡諮詢情感問題的男生，有不少人問過這個問題：為什麼對她那麼好，卻還是被分手。每次看到他們的樣子，

我都會很心疼，一個在外面頂天立地的男人，臉上卻寫滿了無助。

他們不憤怒嗎？

也許剛開始時，他們十分憤怒，但是等到怒氣漸漸消退之後，他們就只剩下了委屈、不解和無助。

因為他們想不明白：為什麼我對她這麼好，她卻這樣對我？她一開始不是這個樣子的，怎麼現在變得這麼沒心沒肺了？

實際上，他們往往會得到一個讓他們更加不解的答案：也許就是因為你對她太好，所以才導致了現在這個局面。

有一個很扎心的故事：

A 不喜歡吃雞蛋，因此每天吃飯時，都會把餐盒裡的煮雞蛋分給 B，B 也樂於接受。但是突然有一天，A 看到 C 也喜歡吃雞蛋，就順手把雞蛋給了 C。結果，B 為此大發雷霆。B 忘了，這個雞蛋本來就是 A 的，他想給誰就給誰。

感情也是這樣，一旦你單方面付出，包辦了所有，卻總是不求回報，那麼對方潛移默化地就會認為這是你應該做的。一旦有一天，她要求的事情你沒有做到，她反而會生出無端的責怪。

恃寵而驕是人的通病，不論是物質上的還是情感上的不求回報，往往都不會有太好的下場。

剛開始的時候，你對她好，她心存感激。但是如果你一直不求回報，沒有底線地對對方好，漸漸地，對方就會覺得這些都是你應該做的。你做到了，沒有什麼好說的；你做不到，就是你出問題了，應該道歉。

那些對女朋友非常好，最後卻被分手的男生，最開始的時候，都把另一半寵成寶貝，甚至不惜退讓自己的底線，犧牲自己的時間。漸漸地，他們的另一半開始習慣了，但是這個時候這些男生也累了，撐不下去了。結果呢？他們的另一半就開始滋生怨氣，覺得他怎麼跟以前不一樣了，好像再也不能哄自己開心了，於是產生分手的想法。

這些男生在感到無助的同時，還覺得自己不夠好，所以留不住對方。但是他們怎麼可能變好？無底線地對另一半好，早就把他們自己耗盡了。

比如，你本來可以用空餘時間去學習，去健身，但是你沒有去，因為你要每天接送女朋友上下班，陪著她去一切她想去的地方，雖然這些地方你本來不想去，雖然她也能自己上下班。

比如，你本來可以存一筆錢為將來的生活做打算，但是女朋友想要什麼，你都想辦法給她買，甚至不惜透支自己的信用卡。

漸漸地，你已經沒有時間進行自我提升了，也沒有金錢進行自我建設了，因為你的重心都放在了她的身上。

但是這個時候，由於你的付出和供養，她變得越來越好，眼光越來越高，直到有一天她突然覺得：這個人配不上我了。

於是，當她遇到她覺得「配得上」自己的人時，就開始心猿意馬，想辦法和對方眉來眼去，創造交往的機會，絲毫不想想你為她做了多少。

當男生發現自己被背叛，而且還沒有能力回擊或者挽回對方的時候，他們的內心只有無盡的自卑、自責，以及絕望。

對女朋友的寵愛不是不帶腦子的溺愛。

愛的基礎是尊重，一旦失去了尊重，感情肯定會失衡。

所以，在感情之中，一定要時刻記得平衡你們的關係，不然的話，結局只能是用你的一腔熱血換來對方的恃寵而驕。

女朋友與其他男生單獨約會一定有問題嗎

男生約有男朋友的女生單獨出去，怎麼可能那麼單純？

試想一下這樣的場景：

「哎，小美，可以借我用一下你的充電寶嗎？」

「可以呀！你拿去用吧！我先回家了。」

「好的，我用完以後送到你家，然後順便請你吃飯。」

「不用這麼客氣的，你明天還我就可以啦！」

「我順路啦！你就讓我回報你一下嘛！」

「嗯，好吧！」

「哎，小美，你週末有時間嗎？我聽說你特別想聽那個演唱會，我朋友正好給我兩張票，要不要去看？」

「哇！好棒哦！可是，我們兩個人一起去，我怕我男朋友會介意啊！」

「哎，你男朋友怎麼這麼落伍啊！演唱會現場又不是只有我們兩個人，是一群人啊！而且票是我朋友好不容易幫我弄到的，你真的不想去嗎？我也很喜歡那個歌手呢！」

「可是……」

「好啦，不要『可是』啦，男生不會這麼小氣的！」

「好吧！那就到時候見囉！」

如果問這個男生：「你向女生邀約的意圖是什麼？」

他一定會說：「把女生約出來，單獨相處啊！」

「那原因呢？」

「當然是喜歡她啦，要不然約她做什麼？」

一個男人要是真的對這個女生沒有意圖的話，是根本不會用任何方式去拉近距離或者創造機會相處的。

男人最懂男人，所以一般很少有男生可以做到當自己的伴侶和別的男生單獨出去吃飯、看電影的時候，還能無動於衷。除非他根本不在乎這個女生，不在乎他們的關係，更不在乎他自己的名聲和尊嚴。

男生之所以會有這種想法和態度，主要出於以下幾方面原因。

① 感情中具有獨占欲

從男生角度講，大部分會把女朋友看作「私有的」，是其他人不可觸碰的，因為喜歡一個人就一定會對她產生一定程度的獨占欲。在感情裡，尤其是這個人特別愛對方的時候，這種占有欲會更強。

對男人而言，甚至可以忍受別的男人侵吞自己的財產，但絕不能容忍別的男人占有他心愛的女人。

而由於不同人的性格和處理問題的方式不同，一些男人的獨占欲會讓他們失去理智，做出許多讓女人無法承受的事情。

甚至不少男人會以偏激的方式去處理兩性關係，以撫慰自己內心的尊嚴喪失感和不安全感。

可能有人會說：「吃個飯而已，用得著這麼敏感嗎？你是個男人哎！」

沒錯，就因為是男人，所以在這件事情上不能忍。

② 了解男人對女人的目的性

男人想和女生做「好朋友」，要麼是這個女生在事業方面有利用價值，比如可以在工作中提供幫助，或者是潛在的客戶；要麼就是對她有所企圖，可能是暫時地排遣寂寞，也可能是想要發展長期的戀愛關係，無論是哪一種，都容易在經常性的接觸中產生曖昧的情感。

男女之間有純粹的友誼嗎？有，少，極少，鳳毛麟角。

不是有這樣一句話嗎：「不要讓你的男人有紅顏知己，他紅著紅著，你們就黃了。不要讓你的女人有藍顏知己，她藍著藍著，你就綠了。」

在電視劇《我的前半生》裡，一開始老卓也注意與洛洛保持一定距離，可是後來不也有點動心了嗎？還有賀涵和羅子君，一開始互相看不順眼，可是漸漸也日久生情了。

「友誼的小船」說翻就翻，所以，如果女生不想破壞和男朋友之間的感情，最好和其他異性劃清界限，不要在曖昧的邊緣試探。

兩個人在一起，如果想要長期好好相處，信任是基礎。要想維護好這個基礎，需要雙方共同去努力。

為什麼很多男生都不主動提分手

曾經有很多女生非常難過地向我諮詢：分手明明是自己提出的，可為什麼自己還是這麼難過？

這是因為，雖然表面上是女生提出了分手，但事實上真正想分手的人不是女生，而是男生。

不少男生都有這樣的心理和行為：不愛了，卻假裝還愛著；出軌了，卻還要編造藉口；想分手，卻假裝依依不捨。

何必呢？睡覺前摸摸良心，難道真的一點都不會痛嗎？

　　寫分手真的挺「喪」的，尤其是這種一方蓄謀已久的分手。

　　說什麼性格不合，說什麼更重視事業，說什麼沒有未來，都是藉口。事實就是不愛了，要分手了，想換人了。

　　他謀劃了好久，一無所知的是你；他沒有主動說分手，默默離開的是你；他得到了解脫，痛苦的是你。

　　我曾經遇到過一個關於男生冷暴力分手的案例，他就是在感情中不願意提分手的人。

　　表面上看，兩人在一起一年才分手，其實早在分手前的三個月他就已經決定和她分手了。

　　在他看來，不主動提分手雖然是在逃避責任，但他就是不想當一個拋棄女朋友的「惡人」。所以每次當他的女朋友傷心地追問他為何如此冷漠時，他都會顧左右而言他。

　　其實，真正的原因就是他喜歡上別人了，但他又怕說出來傷害她。他覺得，不主動提分手是他最後的溫柔。

　　這的確是很多男人的真實心理。

　　很多男生覺得，如果感情已經走不下去了，就把提分手的權力留給女生，一方面維持自己「好男人」的人設，另一方面也給女生留一點面子。

　　其實，大部分男生想要分手的表現都是不主動，不拒絕，不負責。明明早就決定要分手，可是還在感情裡拖泥帶水，拐彎抹角，不說清楚，浪費女生的青春。有些男人也許

認為這是溫柔的舉動，但是對方感覺到的只有凌遲之痛。

因此，對於女生來說，如果你的男朋友在感情中有以下表現，那無疑就是在等你開口說分手：忽冷忽熱，愛理不理，天天說自己忙，希望你理解他，不怎麼聯絡你了，如聯絡也是敷衍，冷暴力，吵架以後不太哄你，說你無理取鬧等等。

如果這些情況持續超過兩個星期，請相信，除非他真的很忙，否則，他就是在蓄謀分手。

在男生這一系列行為的背後，一般潛藏著以下心理。

1. 分手的想法在分手之前的一段時間就已經有了。想分手的原因有很多，有的是沒有新鮮感了，有的是喜歡上別的女生了，有的是不想被感情拖累事業，還有的是被女朋友「作」得太累了等等。

2. 如果是因為有了新歡而想要分手，在與新歡沒有確定關係，還處於曖昧中的時候，男生不想青黃不接，所以一般也不願意主動提分手。這種想法與行為雖然有點自私，卻是很多男生的真實寫照。

3. 怕分手以後，沒有了穩定的性生活，怕寂寞無處排遣。

4. 儘管是自己做錯了，可是為了不陷入自我否定中，就會將自己的行為合理化，告訴自己「我是個好男人」、「我不是渣男」，這樣在心理上就沒有任何負罪感了。

5. 當別人問起為什麼分手的時候，可以對外說自己被甩了，自己是無辜的。

綜上所述，男生不主動提出分手，反而採取冷暴力的行為促使女生提分手，究其原因就是不愛了，或者「有備胎」了。

可是女生會覺得自己很無辜，甚至感到很生氣：為什麼分手不能坦率一點？

對於女生來說，無論是對方主動提出分手，還是冷暴力逼迫女生提出分手，離開都是最好的選擇，因為沒有必要在不愛自己的男人身上浪費青春。

所以，及時讀懂男人的冷暴力，分手，才能給自己的幸福找到一條出路。

第二章　被分手有哪些跡象

第三章
如何度過分手後的第一夜

分手以後感到難過是十分正常的，但是，並不能因為「正常」，就放任悲傷的情緒一直蔓延。

我們總要為決堤的情感找一個出口，讓自己看起來沒有那麼可憐，讓自己保持勇氣，面對接下來的人生。

分手之後，要儘快破除「心錨」

熟悉我的人可能會知道：我經常熬夜，有著特別嚴重的黑眼圈。

為什麼會這樣？

因為很多人分手之後第一個難熬的夜晚，都會來折騰我：他們會抱著電話，一哭就是幾個小時。而我又不能掛電話，因為在那個時間點，我是他們精神上唯一可以抓住的救命稻草。

我特別理解剛剛被分手之時那種迷茫焦慮、痛徹心扉的感覺。

之前也有人問過我，說：「老師，你平時這麼理性冷靜，是不是你當初分手的時候也特別淡定？」

其實真的不是，我當時難過的程度並不比現在的諮詢者好到哪裡去，但是好在當時我找到了一個轉移注意力的方法。

這一節，我就來講講，我是怎麼熬過分手之後最難過的那個夜晚的，並且和大家分享一下，如果你在分手初期特別難過，應該做些什麼來讓自己的情緒稍微好一點。

我曾經在分手之後做的事情就是打遊戲，一頭栽進遊戲裡面不出來。

先是《魔獸》，接下來是《三國無雙》，然後是《俠盜獵車手》，反正沒人管了，埋頭奮戰到天亮，困了就蒙上被子睡大覺。

可能你會笑我，覺得我逃避現實。其實，如果你真的經歷了一段特別認真的感情，到了分手的時候，未必會表現得比我更好。

如果你現在和那時的我一樣，也是一個在校大學生，那麼打遊戲是非常適合你的。

但是，如果你現在已經是一個上班族，那麼，或許你不需要透過這種強行轉移注意力的方式來麻痺自己。

說來有趣，我們之前做過一個統計。統計結果是，學生和自由職業者是分手之後最難走出來的一群人。而且更有意思的是：擺脫負面情緒的速度，居然與工作強度成正比 —— 越是工作強度大的人，越不容易遇到太難解決的情感問題。

我們可能會覺得，工作強度大的人早就積壓了太多的負面情緒，所以分手這件事會成為導火線，直接引爆他們的負面情緒。事實恰好相反 —— 他們在處理負面情緒和情感問題的時候，往往快刀斬亂麻，不會一直為了打翻的牛奶哭泣。

因為，不論是我當初打遊戲，還是進入社會之後高強度的工作，其在本質上都造成了一個重要的作用 —— 分散注意力，破除「心錨」。

我們為什麼會在分手之後長期走不出來呢？

原因很簡單，就是我們會經常陷入一個「無人打擾的沉浸環境」中。

也就是說，當你突然想起前任時，當你回想起過去在一

起的美好時光時，當你陷入悲傷的情緒中走不出來時，沒有其他事情可以打亂你的思緒，你不知不覺就陷入了沼澤。

之前一個諮詢者說得十分貼切：「我收拾他的東西，然後不知不覺就拿著他的襯衫在床邊坐了一個半小時。」

而此時我們的情緒十分敏感脆弱，所以特別容易睹物思人。也就是說，我們十分容易被一個個「心錨」勾起關於過往的回憶。

我們看到對方送的東西，就會想起曾經過生日時的甜蜜；我們聽到一首歌，就會想起當初那個人把這首歌分享給我們的情景……我們會不自覺地記起過往生活的點點滴滴。

這種時候，如果沒有人能夠阻止你去想念，沒有事情能夠打斷你的思緒，那麼你就會陷入自己的回憶「沼澤」，無法自拔。

這也是學生和自由職業者更不容易走出來的原因，他們生活中的「強制打斷」因素太少。學生可以逃課，自由職業者可以拖稿，然後他們就躺在床上，睜著眼睛流淚，從白天想到夜晚，睡醒以後繼續哭。

上班族就不太容易有這種機會了。

你還不睡？明天早起就要擠公車了，遲到要扣薪水，月底績效考核會被打低分。

你不看手機？老闆、同事、客戶發來的工作訊息，能讓你的手機被瘋狂洗版。

　　你沉浸在自己的回憶裡出不來？工作的時候發一下呆，就會有人走過來問你問題，或者辦公通訊軟體就開始響。

　　所以有的諮詢者和我說，分手的那段時間，巴不得天天上班，天天待在公司。因為周圍的事物會不停地分散他們的注意力，讓他們根本沒有辦法去想感情的事。

　　如果你正處於分手初期，沉浸在悲傷的情緒中，不能去面對新的生活，那麼可以試著分散自己的注意力，盡量避免去想分手這件事。

　　首先，給自己找點事情做。

　　不管是追劇、打遊戲，還是健身運動，都可以做，只要這件事情能夠占據你大量的時間，並且需要你集中注意力去做。這樣，等你做完這些事，你也筋疲力盡了，不會有太多時間和精力去回憶過去。

　　其次，給自己找一些心靈寄託。

　　比如，多和朋友聊聊天，養個寵物，去社群軟體上認識一些新朋友。這可以讓你的情感有所寄託，讓你在想要宣洩情緒的時候有個傾聽者，讓你不會太孤獨。

　　最後，清除掉那些能勾起你回憶的「心錨」。

　　將你的房間打掃乾淨，扔掉對方給你留下來的東西，短時間內割裂「心錨」和回憶的關係。

　　你現在很脆弱，那麼還不如逃避，用逃避來換得喘息的時間，累積接下來解決問題的勇氣。

做個合格的前任，就像死了一樣

被分手的初期，很多人會忍不住聯絡對方。但是，這樣做的效果往往不太好，非但不能讓對方回心轉意，反而會使彼此的關係更加惡化。

曾經有一位男生在諮詢的時候這樣對我說：「我們在一起一年了，每天一起吃飯，一起上班，一起睡覺。她累了，我幫她按摩；她餓了，我買吃的給她；天冷了，我提醒她穿保暖……但是，三天前她卻傳訊息跟我提分手，螢幕這邊的我淚流滿面地說『我尊重你的選擇』。我的整個世界彷彿坍塌了。我大哭了一場，整晚失眠；第二天如同行屍走肉一般，晚上接著失眠想她；第三天約了朋友出去散心，心情好了很多。我以為自己快走出來了，但到了夜裡，我又崩潰了，一次次拿起電話想要打給她。」

不管你是想要挽回前任，還是想要走出失戀的陰影，現在都不適合去聯絡對方。

剛剛分手，你的情緒還處於十分激動的狀態，這個時候聯絡對方，可能難以控制自己的語言和行為，做出過激的舉動，給對方造成驚嚇，導致對方更加想要逃離你。

從前任的角度來說，剛和你分手，心中對你沒有負面印象是不可能的。而你偏偏在這個時候，將自己情緒失控的一面展現出來，是非常不利於挽回對方的。

所以，這個時候你需要做的是平復情緒，而不是聯絡

對方。

你需要先做一個合格的前任，不打擾對方，慢慢將自己的負面情緒消化掉，再去考慮要不要採取挽回的行動。

1 為自己的情緒找到一個出口

負面情緒，宜疏不宜堵。

這個時候，你需要找一位你信任的，並且願意傾聽的朋友，讓你把心中的負面情緒發洩出去。

如果你不願意麻煩朋友，那就寫信，寫一封長信。把你的悔恨、痛苦、悲傷等情緒全部寫出來，寫完之後直接扔掉或者撕碎，絕對不能讓前任看到 —— 因為在你激動情緒下寫出的心聲，只會讓你的前任更加沒有安全感。

寫信本身就是一個情緒釋放的過程，當你將不良情緒全部釋放以後，心情就可以逐漸恢復平靜。

2 理性思考你們之間的感情

很多人在分手之後沉浸在悔恨和悲傷中出不來，主要是因為他們認為前任太好了。所以當他們覺得自己失去了一個這麼好的人之後，會感到痛心疾首。

而我往往要求這些痛苦的諮詢者，努力去回憶與前任相處過程中的矛盾衝突，並且記錄下來，反覆翻看。

我並不是要你抹黑前任，而是要透過這種反覆回憶的方

式，讓你對彼此的矛盾衝突有更清晰的認知，以此來中和你不理性的思念和被你美化的記憶。

等到你的情緒平復下來，而且能夠客觀理性地看待之前的感情時，再來思考這段感情是否值得挽回。

③ 多找幾個「替代品」

我不是要你尋找新歡來緩解孤獨寂寞。

被分手之後，之所以對前任念念不忘，一方面是覺得對方特別好，另一方面是覺得自己再也遇不到這麼好的人了。

所以，你需要做的就是，將前任的優點一項一項寫下來，然後想想周圍的異性，誰具有這些優點。

可能有的人具備其中一項，有的人具備其中兩項，有的人具備你前任的全部優點。

這時你會逐漸發現，前任並非不可替代。

當你的前任在你眼裡變成一個客觀上可以被替換的人時，你最起碼可以做到沒有那麼恐慌和懊悔。

如果你不想復合，只是單純地感到痛苦和思念，那麼你可以避免自己因為情緒激動而做出錯誤的選擇。

如果你想復合，穩定的情緒和客觀的認知也有助於你後期的挽回舉措。

不管你選擇什麼，切記：你現在最需要做的是穩定情緒，不要打擾對方，做一個合格的前任。

分手後，還會遇到更好的人嗎

曾經有一個男生來找我做諮商，第一句話就說，他找過很多心理諮商師，但是無一例外都失敗了，根本沒有人能夠開導他。

透過溝通，我逐漸發現了他內心深處的一個恐慌：他擔心分手之後再也遇不到更好的另一半。

他的前女友是在大學時代和他相愛的，陪伴他度過了最快樂也最單純的四年時光，後來因為前女友要移民國外，不得不和他分手。

這個男生一直懷有這樣一個執念：只有在學生時代遇到的愛情才是最單純的，進入社會之後，再也不可能有任何女生會像他的前女友那樣愛他了。

這個執念只要不破除，這個男生就沒有辦法徹底放下過去，開始新的感情。

實際上，我們可以看到，不少人都在分手之後有這樣的恐慌：我究竟還能不能遇到更好的人呢？

這個問題，我們放在這一節，好好地討論一下。

「會不會遇到更好的人」這個問題，我曾經被不少失戀之後極度痛苦的人問過，他們都特別害怕自己從此以後再也遇不到更好的另一半了。

而我這個人也比較實在，坦誠地告訴他們：「如果你們用

心去經營以後的感情，我保證你們會遇到更合適你們的人，但是我真的不敢保證你會遇到『更好的人』。」

什麼是「更好的人」啊？你們有一個明確的界定標準嗎？你們自己都不能清楚地判斷什麼樣的人才是「更好的人」，我怎麼知道你們會不會遇到呢？

在總結大部分諮詢者的感情經驗之後，我完全相信每一個人都會遇到更適合的人，甚至我對每個人感情的未來發展，整體上都持有特別樂觀的態度。

一方面，你們的經驗不斷增多，在不斷反省改進，會更加明白自己想要的是什麼；另一方面，現實的壓力在不斷逼近，不管你們願意不願意，都要開始面對現實，找到一個能夠與你們攜手共度人生的伴侶。

所以你們一定會找到一個更加合適的伴侶，這是毋庸置疑的。但是這個伴侶究竟是不是「更好的人」，我可不敢說。

你可知道，有多少男生在功成名就之後迎娶了門當戶對的妻子，然後某一天下班回家在停車場熄了火，坐在車裡抽著菸，想著當初那個幼稚的、陪著自己瘋鬧的初戀女友？

你可知道，有多少女生嫁給了有錢有權的男人，夜晚獨守空房的時候抹著眼淚想著當初那個下課鈴一響就在教室門口焦急等待自己的窮小子？

幼稚的初戀，一窮二白的前任，怎麼看都不可靠，但是並沒有妨礙這些人覺得曾經的戀情很美好。但是就算他們覺

得前任很好，現在他們願意回到過去嗎？顯然是不願意的。

僅僅因為前任某一方面做得比現任好，就覺得前任才是最適合自己的那一位，那是不經大腦的想法。

大家總說什麼「對我好」，實際上這種想法很自私：我要你按照我設想的方式對我好，我要你做的所有事情都符合我的預期。

按照這樣的標準來看，幾乎所有的現任都會被前任「比下去」。因為現任就在你身邊，這個人隨時都可能做出讓你不滿的事情；而前任已經成為你心中的一個印記，你在拿著「被自己美化過」的時刻，和現任做的讓你不滿意的時刻比。這有什麼可比性嗎？

我清楚地知道：無論他們未來遇到的下一任如何優秀，遲早也會有讓他們感到不滿的地方，他們難免會覺得「怎麼一個不如一個呢」？

但是沒有關係，就算他們這麼想了，就算他們這麼抱怨了，過了那一陣之後，他們還是會珍惜自己的現任，而且會越來越珍惜，因為這個現任大機率已經具備了和他們共度餘生的主客觀條件。

那些哭著說「我覺得我這輩子都不可能遇到那樣的人」的諮詢者，他們擔心的事情其實是再也遇不到曾經那種熾熱的感情了，再也找不到那個能為他們奮不顧身的另一半了。

這個問題真的不用擔心：你肯定找不到，而當初的那一

位之所以表現出那個樣子，完全是因為太傻了，沒開竅 ——
你看，如果結果是絕對令人死心的，好像也沒有什麼需要擔
心的了。

所以，放棄幻想，面對現實吧！隨著你的總結和反省，
以及經驗的積累，你絕對會找到那個更合適的人 —— 即使那
個人有些事情做得不如前任，有些缺點你十分看不慣。

但是你要接受這個人，放下你心中已經被美化了的前
任，告訴自己：

眼前這個人，就是更好的人。

和另一半冷戰期間，適合做什麼

情侶在一起時間久了，難免會因為觀念不同、意見不同
等發生爭執，這時其中一方可能會提出「我們都各自冷靜一
下」。

但是，如果你將這種「冷靜」理解為完全不溝通，等到
彼此都想清楚以後再交流，那麼我可以非常負責任地告訴你：
這不是冷靜，這是要分手了。

吵架期間的「冷靜」，不是真的要你們靜下來好好地想，
因為這很可能導致一種結果：其中的一個人或者兩個人突然
想明白了，覺得沒必要這樣下去，決定分手。

相反，雙方在冷靜的時候，最該做的事情恰恰是找個機

會重新建立連繫。

因為每個人的觀念都很難改變，只有透過溝通和協調才能解決問題。讓對方在和你切斷連繫的情況下徹底轉變想法，本身就很難，而這個時候你又不給對方一個恰到好處的藉口和臺階，持續的冷戰只會讓你們的交流越來越少。

所以在這個階段，雙方還是要交流的，但是當中的尺度需要好好掌握 —— 交流太少，會讓對方寒心，覺得因為這點事你居然就徹底不搭理對方了；交流太多，又會在對方情緒還沒有穩定的時候火上澆油。

接下來我教給你兩個方法。

1 邊緣試探

你的每一次溝通都要將彼此的關係稍微拉近一些，但是又不能跟沒事人一樣大大咧咧地厚著臉皮自說自話。

最好的方式是：吵架歸吵架，相處歸相處，該有的關心還是要有的。

比如，你和遠距離交往的女朋友吵架之後，她說要冷靜幾天。你可以先讓她冷靜，但是到了晚上或者第二天傳訊息過去：「今天你們那裡下雨，記得帶傘，別像上次那樣又淋雨了。」

這個時候女生可能有三種反應：一是完全不理你，二是回覆一句平淡的「好的」，三是罵一句：「你管我？」

對第一種和第二種反應，即對方沒有理你或者回覆內容很冷漠，說明對方還在氣頭上。這個時候也不用多說了，最多再補一句關心的話，你就該離開，好讓對方消氣。然後，過一天或者兩天直接見面或者進行電話溝通，再好好地聊一聊。

　　如果收到的是第三種回覆，千萬不要火冒三丈和她互罵。第三種回覆才是最好的信號，因為這句話裡有很強烈的情緒在，說明對方看到你的訊息之後情緒立刻激動起來。

　　面對第三種回覆時，你應該正經中帶著一點不正經：「我女朋友我不管誰管，再吵架也是自己的女朋友，該關心也得關心。」

　　你放心，對方接下來不會有好話等著你，但是絕對有戲。對方很可能再罵你一句：「不需要，不稀罕！」或者說：「裝什麼，每次氣完人就開始裝好人。」

　　這個時候你的心態一定冷靜，繼續剛才的態度往下說：「別啊！一碼歸一碼，再吵架也掩蓋不了你是我寶貝，我是你模範男友的事實啊！」

　　按照這個節奏，不管她怎麼吐槽你，你打不還手，罵不還口，笑嘻嘻地等她把情緒發洩完，她自己就好了。

　　而且她那幾句話也不是純粹在罵你，可能在手機那邊的她早就被氣笑了。

　　採用這種方式，有兩個目的：

💜 試探對方對你的態度；

💜 傳遞一個信號，即吵架歸吵架，但我還是關心你的。

② 創造見面機會

見面可以讓彼此更加直接地溝通，以免隔著手機螢幕，不能準確地感受到對方傳達的態度和情緒。

但是使用這種方法，你一定要控制好自己的情緒，不要將原本的小吵架升級為大吵架。

而且在見面之前，你應該讓對方至少冷靜大半天的時間。原因是，假如間隔時間太短，對方的氣還沒消，可能連你的面都不會見。

曾經有一對遠距離戀愛的情侶吵架，男生當時就後悔了，連夜坐火車去找女朋友想好好談談，但是對方還在鬧情緒，根本不讓男生進門。

這下好了，男生本來也是一時興起，還沒來得及好好想，辛辛苦苦趕過來又被關在門外，火氣突然變大，又與女朋友大吵起來，兩人差點分手。

所以，如果是情緒控制能力差、性子急的人，使用這種方法前還是要多斟酌一下。

有人說：「難道就不分析兩個人吵架的原因，在冷靜期間只想著恢復聯繫嗎？」

對於這種疑問，我們需要想清楚以下幾點。

首先，因為什麼吵架的，怎麼吵起來的，誰先挑事的，這些問題當事人未必能夠想得那麼清楚。我們從小到大一定都有過和別人吵架的經歷，其中有幾次吵架過後能和對方真正達成一致意見呢？如果只是一味地自己冷靜，不與對方溝通，可能越想越覺得自己是對的，對方是錯的。如果兩個人都這樣想下去，最後見面還是會吵架或者直接分手。

其次，讓彼此恢復聯繫，不是要你什麼都不做。你在重新打開僵局的過程中，也要不斷地檢視你們之間的對話，尋找新的溝通方式來讓彼此耐心交流，這本來就是一個「倒逼」的過程。

最後，情侶之間吵架，很多時候是分不清誰對誰錯的，就看雙方還想不想一起走下去。只要都希望繼續走下去，誰先主動其實並不重要。除非對方是特別不講理而且恃寵而驕的人，否則給個臺階都會下來。這時候，兩個人再坐下來好好溝通，自然更容易解決問題。

分手後男生的感受是怎樣的

分手對於每個人來說都不是一件好受的事情，甚至有人因為這個鬱鬱寡歡，終日走不出心理陰影。

事實上，你們的很多感受不僅毫無意義，而且對於你們的感情甚至是有害的。

身為一個心理諮商師，我很清楚大部分人分手之後的感受是什麼樣的。

1 極其迫切，不擇手段地想要挽回對方

不管是真心想要挽回，還是僅僅感到寂寞，想要有個人陪伴 —— 許多人分手之後都會有這樣的衝動，但結果往往都不盡如人意。因為你太著急了，以至於沒有好好想，沒有好好準備，就開始了挽回行動。

這樣做會直接導致兩個錯誤：一是錯誤的分手歸因；二是錯誤的訊息轟炸。要麼你太過著急，覺得分手的原因就是自己某件事情做錯了，恨不得趕緊改正錯誤，讓對方回來；要麼你覺得，只要不停地和對方聯繫，向對方哭訴，對方就會心軟，再給你一個機會。

下面針對這兩個錯誤進行分析。

首先，分手是彼此長期交往過程中不斷積累怨氣導致的結果，而你所看到的引發分手的事件只不過是一個導火線。所以單純針對引發分手的事件去修正自己的行為，並不能解決根本問題，對於挽回這段感情意義不大。

其次，不停地騷擾對方，要求對方給你一個機會，強迫她原諒你，甚至與你復合；或者不停地哭訴自己的傷心難過，告訴對方沒有她的日子多麼難熬，你多麼想讓她回來⋯⋯這些做法並不會產生很好的效果。

可能在分手初期，對方還會覺得畢竟兩個人曾經相愛過，保持聯繫也無妨。可是到了後來，對方已經被你的騷擾和轟炸惹到不耐煩，可能會一氣之下徹底封鎖你，告訴你以後再也不要來找她了。

❷ 徹底自我否定，變得不像自己

雖然對方選擇和你分手，一定是覺得你不好；但是，對方只是受不了那個時期的你，只是受不了你身上的一些特質。首先，你可以改善這些特質；其次，這些特質在對方的眼中也許是缺點，但在其他人眼中也許是優點。

比如你是一個事業型的男生，難道僅僅因為女朋友受不了你早出晚歸，就要放棄你的事業，去做一個居家型男人嗎？

並不是這樣的。

注重事業，有上進心，這是你的優點，你不應該捨棄。你應該知道，是因為你過度專注於事業，沒有給她足夠的照顧和關心，才導致你們分手。只要你平衡好事業和情感之間的關係，她還是有可能接受你的。

反之，如果你因為女朋友抱怨你工作太忙，缺少陪伴，就放棄自己的事業，可能有一天她又會嫌棄你遊手好閒、不思進取。

不要因為被分手就全盤否定自己。正所謂「甲之蜜糖，

乙之砒霜」，前任不喜歡的，不一定是不好的，可能換一個人就會無比珍視你的這些特質。

③ 試圖採用賣慘的方式挽回

許多男生都有過這樣的經歷，在分手之後一蹶不振，甚至幾天不刮鬍子，不洗臉，就這樣蓬頭垢面地出現在前女友面前，哭訴自己多麼難過，多麼不捨，期望對方能對自己動一動惻隱之心，答應自己復合的要求。

但是，這樣的做法真的不高明。

因為，挽回對方的關鍵在於吸引，而你每次出現在對方面前時，都是這樣一副落魄的模樣，帶給對方的都是抱怨和哭訴。你覺得這個樣子可以重新吸引對方嗎？

此外，試圖利用同情心挽回對方的人，都有一個錯誤的認知，以為對方還會再心疼他們。

你們在一起的時候，對方的確會因你的慘相和哭訴而動容；可是你們現在都已經分手了，在對方看來，你就是一個每天騷擾她，而且很沒有骨氣的人。這樣的人，她憑什麼要心疼？

④ 不停地承諾，做極端行為，想要證明自己

在挽回的過程中，承諾是沒有用的。因為分手就已經意味著，她已經不對你們的感情抱有期待了，也對你失去了信

心和希望。那麼在這個時候，你說出的承諾，在她那裡的可信度有多少呢？

再說做極端行為。我不止一次看到，傷心欲絕的人試圖透過各種極端的行為來逼著對方原諒自己，給自己一個機會。

他們的潛臺詞似乎是：「你看，這樣的事情我都敢為你去做，我有多愛你，你要相信我對你的愛。」

但是，你這樣做，會嚇到對方，因為她收到的訊息是：這個人做事太極端和情緒化，我要離他遠遠的。不要在挽回的時候，把你的衝動、極端、情緒化展示給對方看，這樣的做法只會讓對方很沒有安全感。

⑤ 總想著彌補過去的錯誤，去為對方再做一些事情

有的人在分手之後，突然意識到自己曾經不懂事，對對方不夠好，十分內疚，總想著做一些事情來彌補對方。

可是你此時的身分十分尷尬，沒有理由去為對方再做任何事情了。該你做的時候你不做，不該做的時候你那麼主動做什麼？

你身分的變化，讓你行為的性質也發生了變化。你這樣的行為在對方看來，似乎是為了挽回她。

有的人可能會說：「是啊！這樣想不對嗎？」

我們舉個例子：對方因為你不關心、不體貼而分手，你覺得對方是受不了你某次的行為，還是受不了你本質上就是

個不懂得關心她的人？

　　如果你只是為了挽回她而去做這些事，本質上並沒有做出改變，那麼在她回來後，收穫的還是一個像過去一樣的人，難保不會二次分手。

　　以上就是男生分手後的五種常見的心理感受和外在表現。

　　我理解分手之後的痛苦和焦慮，但我想說的是，如果你讓錯誤的心理去指導自己的行動，只能越走越偏。因此，分手之後，要意識到什麼是錯誤的想法，不要讓錯誤的想法毀掉本可以挽回的戀情。

分手後女生還會想念前任嗎

　　我和前女友做出了一個共同的決定，即畢業後去不同的城市。於是，兩個人心平氣和地坐下來，然後談妥了。

　　分手的建議是她提出的。當時，我對這個冷靜而理智的女孩子發自內心地欣賞。畢竟，大部分女生很容易感情用事，不忍分開。

　　後來，我發現，我想錯了。她只是一個普通的女孩子，嚮往著愛情，懷念著甜蜜的過往。

　　分手一個月後，她寫了一條長長的簡訊，發給了我。我當時拿著手機，一個大男人，就這麼哭了，旁若無人。

　　畢竟，我們相愛了四年。

其實，不管是由於主觀原因分手，還是由於客觀原因分手；不管是和平分手，還是吵架分手；不管分手是由男生提出的，還是由女生提出的……在分手以後，無論是男生還是女生，都會想念對方。

人非草木，孰能無情？

戀愛，是一個漫長的過程，從相識、相知，到相愛、磨合。而分手，也不是一瞬間就能結束的，需要內心不斷地適應、調整。

很多人即使分手了，還是會在心裡惦念著對方，比如繼續關注對方在社交平臺發布的內容；因為思念而飲酒、買醉；去兩人曾經去過的地方；向共同的朋友打探對方的近況。

一個人從分手到走出情傷，往往需要很長的一段時間。

如果時間不夠，即使有了新歡，在相處的過程中也難免受到舊愛的影響。

一方面，你可能挽著現任的手，愉快地走在街上，談笑風生；另一方面，你可能在夜深人靜的時候，想起那個曾經每天為你買早餐的男孩。

一方面，你和新男友偶爾發生矛盾和爭吵；另一方面，你會翻看前任的照片，回想起當時的甜蜜情景，和曾經爭吵後的擁吻。

因此，撫平上一段帶來的傷痛和情緒，需要足夠多的時間。時間不夠多，想念就會頻繁出現。

而且，這個過程不能快進。

大多數人在分手後，會經歷三個階段。

♥ **創傷期**：在剛剛分手的時候，大多數人都處在創傷期，主要表現是：沒有辦法正視現實、接納現實，沒有辦法接受對方已經離開、情侶關係已經結束的事實。在這個階段，無論是工作還是學習，一般都會處於消沉狀態，很難提起精神。對前任的思念是不可避免的，而且在這段戀愛當中投入的感情越多，此時的思念就越強烈。

♥ **後悔期**：在這一時期，失戀者一般已經能夠接受分手這件事，所以會在一定程度上感到悔恨和不甘心。相對積極的人，會開始反省自身；而相對消極的人，戀愛觀可能開始扭曲，比如有的女生開始放縱自己，認為自己不值得被愛，否定個人價值等等。所以，這個階段十分敏感，是一個兩極分化的時期。

♥ **遺忘期**：這個時候，失戀者的心態已經趨於平和，完全接受了戀情失敗的事實，甚至可以客觀地看待兩個人交往過程中的問題和教訓，並且開始重新接受自我，恢復正常生活或投入新的戀情。

而分手後女生是否會想念前任，與兩人的分手原因、愛情的深度、雙方交往時間的長短、這個女生的性格，以及雙方的認真程度等有關係。

如果是女生提出的分手，而且這個女生也沒有那麼愛男生，那麼分手以後思念對方的時候應該會比較少；偶爾想起對方的好，也很快就會被「對他的厭惡感」所覆蓋，這件事偶爾會成為閨蜜間調侃的話題。

　　如果是女生提出的分手，但是仍然愛著這個男生，比如客觀原因導致的分手，她的思念就會相對頻繁，甚至繼續與對方保持聯繫。

　　如果是男生提出的分手，而且女生很愛這個男生，那麼女生可能會沉溺在失戀的情緒裡很久無法自拔。所以，這種情況下，無論是愛是恨，女生都會想念對方。

　　如果是男生提出的分手，而且女生也沒有很愛這個男生，那麼女生可能會想這個男生，但這個「想」，不是思念，而是不甘心，認為「你怎麼敢甩了我」。

　　從客觀上說，分手後是否會想起對方，與以下兩點有關：第一，你們的生活、學習、工作的環境有沒有交集；第二，你們有沒有刪除或封鎖所有的聯絡方式。

　　分手後一直單身的女生，一般比已經開始新戀情的女生更想念前任。

　　如果在之前的戀情中投入了感情，那麼女生在自己單身或者新戀情不順利的時候，會重新關注前任；如果自己的新戀情很幸福，那麼女生則很少會想念前任。

　　整體來說，如果女生是主動分手的，那麼日後即使想

起，也不會動太多感情；就算她後來過得不幸福，也只會偶爾想起對方的好與不好。如果女生是被分手的一方，那麼在此後的很長一段時間，思念、愛與恨都將與對方息息相關。

失戀，基本上是我們每個人成長的必經之路，這個過程通常是漫長且難耐的。然而，過了一段時間，我們就會開始對這段感情產生理性的認知和反省，再去回想的時候，更多的則是釋然。

第三章　如何度過分手後的第一夜

第四章
有多少分手可以挽回

多數分手可以挽回，但「可以」並不是「一定」。分手後去挽回，需要面對巨大的挑戰：一個對自己喪失信任感的前任，一個對自己很反感的「仇人」，再加上分手之後變得一團糟的自己……

我們究竟應該怎麼做，才能收拾殘局，整理好我們的心情開啟接下來漫長的征途呢？

當你努力挽回時，你在挽回什麼

每次有人諮詢我「如何挽回」，我的第一句話都是：「你為什麼要挽回對方？」

大多數答案都是：我放不下他呀！分手後我後悔了，我們之間有很多事情還沒有做等等。

此時，我不得不說一句很殘忍的話：若你憑藉這種不甘、悔恨、猶豫的心態來試圖挽回，對方很可能不會答應你的挽回，即使答應復合，也不過是下一次分手的開端。

一個揪心的數據是：分手後復合的男女朋友或配偶，約九成最終還會分手。

所以在學習挽回的技巧和話術之前，先要搞清楚你的動機，不要為了挽回而挽回。技巧與話術，終究治標不治本，靠感動、哄騙、強迫挽回的愛情，只是讓兩個不合適的人再次互相折磨。

分手中一方的「放不下」，有時是沉沒成本太高所導致的。比如，你付出了很多感情，或者花掉了不少錢，於是覺得不甘心、放不下。

而所謂的後悔，表面上看似你還喜歡著對方，還對前任戀戀不捨，實際上很可能是暫時沒有找到一個更好的替代品，又忍受不了突然孤獨的生活。

這樣做的結果是，即使挽回，也不過是和前任恢復「舊

的生活」。但是，不正是這舊的生活導致了你們的分手嗎？

所以我經常說一句話：「談戀愛靠的是感性，而挽回靠的是理性，你要考慮彼此能不能有一個更好的未來，對方才有勇氣和理由與你重新來過。」

舉一個很簡單的例子，小張與小敏之前因為「遠距離」而分手，小張僅僅因為放不下而去挽回前任 —— 他花盡了心思，終於感動了小敏。

但是復合之後呢？

兩人的「遠距離問題」仍然存在，彼此之間沒有一個明確的終止日期和未來。那麼當下一次矛盾爆發時，他們仍然會無力應對、心力交瘁。

所以說，挽回這件事，你一定要動腦子，而不是因為一時的難受而感情用事。

不要輕易結束一段感情，也不要輕易挽回一段感情。在挽回之前，你就應該釐清這段關係的走向是什麼，彼此又該如何化解之前存在的情感矛盾，你只有給予了對方期待感，對方才願意與你開啟一段新的生活。

一定要明白一個道理：所謂挽回，不是拉著前任和你回到舊的生活，而是與對方開始一段新的感情。

一個曾經深愛過你的人，為什麼會和你分手？

一個殘酷而真實的答案是：所有的分手都是蓄謀已久的決定。當前任對你失望透頂了，看不到一個充滿希望的未來

時，自然就會選擇與你分手。

　　對方的失望，有時很難準確地表達出來，所以會以「累了、膩了、不愛了」等各種方式來表達。除非你找到那些根源性的東西，並且有辦法改變它，否則，即使這次你成功挽回，明天又需要再挽回。挽回次數越多，難度就越大。最後，你會發現，無論怎麼做，也無法挽回。

　　正確的挽回心態是什麼？

　　我要挽回的並不是一個人，而是一段本可以更好的感情。

　　根據上千個真實挽回案例，我認為在採取挽回行動之前，你需要回答以下十個問題：

- ♥ 我們到底因為什麼而分手？是因為一時情緒化的衝突，還是對方蓄謀已久的決定？
- ♥ 如何在問題中找到平衡點，去營造一個嶄新的戀愛氛圍？
- ♥ 在以往的相處過程中，對方長時間無法容忍我的哪些性格缺陷？
- ♥ 當前造成分手的主觀原因和客觀原因是什麼？
- ♥ 在矛盾衝突中，是否存在金錢、儲蓄觀方面的衝突？
- ♥ 我們能不能坦誠地說出自己的情感需求？
- ♥ 我們以後真的能夠形成有效溝通並且平等地對待雙方的

想法和立場嗎？

💜 雙方家庭對這段愛情存在著偏見和誤解嗎？

💜 雙方身上是否存在著極端的性格缺陷（例如出軌、家暴等）？

💜 這個人真的值得你去挽回嗎？

對於以上十個問題，你需要反覆思考、找出分手真正的內在動因。原因找到了，挽回就已經成功了一半。因為這十個問題能夠清楚地告訴你「前任能夠重新接受你的底線在哪裡」，同時你也能夠清楚「自己的性格缺陷在哪裡，以及自己挽回的大方向又在哪裡」。

成年人的世界裡，不是你想怎麼做就怎麼做，而是既然失敗過了一次，那麼下一次就要讓自己做得更好。

分手後還能正常聊天，挽回的機率有多大

在我指導的愛情挽回案例裡，有約三成人的開局看起來特別好：前任不僅沒有封鎖他們，還願意和他們保持聯絡。

這看起來讓人振奮。但是當他們向前任提出復合之後，心情一下子就掉入了冰窖 —— 真是期望有多大，失望就有多大。他們悲哀地發現，雖然前任願意與自己正常聊天，但只要聊到復合這件事，前任就會立刻縮回去，不做任何回應。總之，就是：聊什麼都可以，就是別聊感情。

在這樣的情況下，挽回的機率到底有多大呢？

先說結論：分手前期的挽回機率需要看分手的類型，分手中期的挽回機率很高，分手後期的挽回機率很低。

我們先要搞清楚聊天這件事，在你和前任的聯繫中承載著什麼樣的功能。其實聊天最重要的功能有兩個：一是建立一個可以和前任聯繫的平臺，讓前任看到自己的動態；二是向前任傳遞自己的意願和感情。

也就是說，當我們評估「正常聊天」的挽回機率時，要看這兩個功能是否能得到充分發揮。我們分成三個階段來分析。

❶ 分手前期：對於不同類型的分手，聊天所發揮的作用不同

同樣是分手，可以分為真性分手和假性分手兩種。

真性分手，其分手即為目的；假性分手，其分手只是手段。

你聯繫與否，你聯繫的頻率如何，對於和你分手的前任來說，差別不大。就算你說得天花亂墜，只要之前的問題沒有解決，對方就不會考慮和你在一起。

對於假性分手，你只需要找到導致前任提出分手的核心原因，並給出令對方滿意的解決方案，挽回的機率就會很高。比如女方因為遠距離戀愛而提出分手，男方可以透過給

出承諾（如半年內我去你所在的城市）來挽回兩人的感情。

如果你想挽回，無論是真性分手還是假性分手，都要保持必要的溝通。當前任看不到你的動態了，發現你在逐漸割裂你們的關係，或者發現你不與其溝通了，你開始準備一個人生活了，對方會覺得你態度強硬、無意復合。這時，即使是假性分手，對方也會因不得不承認你們的關係已經無法挽回而心灰意冷。

反過來，就算是真性分手，和前任保持聯繫依然有著積極的作用：能給復合打下堅實的基礎。

❷ 分手中期：成功率很高，聯繫造成了重要的積極作用

分手中期指的是分手後一二個月到半年的這段時間。在此期間，若能和前任保持聯繫，則挽回效果是最好的。

我們來回顧一下之前說的，聊天最重要的功能有兩個：一是建立一個可以和前任聯繫的平臺，讓前任看到自己的動態；二是向前任傳遞自己的意願和情感。

如果你們是真性分手，那麼是時候將這兩個功能發揮得淋漓盡致了：經過一段時間的改變和提升，你有了拿得出手的成果展示。比較微妙的是，由於時間的沖刷，前任在此時對你的怨恨有所減少，對你的思念卻開始蔓延。此時，正是你聯絡前任、再續前緣的好時機。

這時，保持和前任的接觸和聯絡，逐漸升級你們之前的

關係，十分有利於你的復合。理性上，前任看到了你身上有了積極改變；感性上，前任開始懷念有你的日子，前任這個時候感覺到了分手之後一個人生活的不習慣。

3 分手後期：大勢已去，你逐漸淪為「備胎」

如果你們持續聯絡了半年以上還沒有復合，那麼挽回的希望就愈來愈渺茫了。時間越長，挽回的機率就越小。

在這個階段，前任已經看到你所做的改變。同時，對方已經逐漸習慣一個人生活，甚至已經（或準備）開始下一段感情。

這個時候，前任之所以和你保持聯絡，未必是對過往念念不忘，更大的可能是把你當成了一個情感寄託，甚至是一個「備胎」。

也許你一直都在堅持改變和提升自己，但是千萬別忘了，你的前任此時的態度已經發生改變：對方很有可能會覺得「你真的很優秀了，但是和我有什麼關係呢？」

舉個例子：同學聚會的時候，你發現讀書時跟你在一起的前任，現在是一個企業的高管，年薪上百萬，有車有房。你會因為你的前任現在價值特別高，所以有復合的衝動嗎？

多數人不會有。

因為你有了自己的生活，開始適應了現在的節奏。你現在過得很好，為什麼要嘗試破鏡重圓呢？

所以也不是「只要自己變好了前任就會回來」。前任回來的原因，除了你足夠好，還要對方對你有需求。

需求不在了，你好與不好跟對方沒有什麼關係，你們之間也就沒有故事了。

與前任復合，必須解決哪些難題

我挽回過很多棘手的分手案例：異國原因導致的分手，雙方父母都反對導致的分手，年齡差距導致的分手……當一些人哭天搶地地和我說，他們面對的挽回問題有多麼困難時，我往往一笑置之 —— 大風大浪都經歷過了，還怕這些嗎？

當然，我也很清楚，對於大部分人來說，他們面對的情況是比較棘手的：一邊是已經對自己喪失信任感、只有反感而沒有好感的前任，另一邊是分手之後過度放縱而變得一團糟的自己。

究竟應該怎麼做，才能收拾好殘局，面對接下來的挽回工作呢？

這一節我們就來介紹一下，與前任復合，必須解決哪些難題，要做哪幾件事。

➊ 分清楚自己到底是空虛寂寞，還是真的放不下前任

每次說到這個問題的時候，都會有人不屑一顧，覺得兩者沒有什麼區別，都是想要挽回對方。

事實上，區別大了。

因為空虛寂寞而想要挽回前任的人，其核心訴求根本不是「挽回」，而是尋找一個陪伴自己的人。這些人根本沒有辦法靜下心來改變自己和有所付出。

在挽回情感的過程中，最容易半途而廢的就是他們。

但是，這些人往往誤以為自己是因為放不下過去的感情才對前任念念不忘。

我見過不少這樣頗具諷刺性的情景：遇到新人之前，一口一個「我前任是我的一生摯愛」；遇到新人之後，則是「前任？什麼前任？」

要想分清楚自己是不甘寂寞還是放不下前任，其實非常簡單：找到你們之前相處過程中的一個矛盾衝突點，按照對方喜歡的方式去改變自己，先堅持一個月試試。

比如，過去對方經常抱怨你玩遊戲太多，對其疏於陪伴，那麼你試試一個月不玩遊戲，看做不做得到。

或者，對方因為你不上進，對未來沒有規畫而與你分手，那麼你試試堅持學習或健身一個月，看做不做得到。

如果是因為不甘寂寞而想要挽回前任，那麼在做這些改變的過程中，很快就會開小差。因為在這樣的人看來，即使做到這些，前任也未必會回來，所以沒必要去做這些事情。

你看，如果一開始就抱著這種想法，真的不如找一個新人更省時省力。

❷ 克制住自己衝動的情緒，不讓對方對你的印象持續惡化

在挽回的過程中，情緒失控的情況是比較常見的。在這個時候，最困難的就是壓制住這種情緒，不讓一時的感情衝動打亂整個挽回計畫。

就算你再後悔愧疚，也不能沒完沒了地去找前任哭訴道歉，這只會把對方一次次拖入那段其根本不想回憶的過往當中。

就算你再著急地想讓對方回到你的身邊，也不能立刻跑去對方那裡表忠心，因為此刻滿嘴空頭支票的你，只會讓前任覺得沒有誠意。

就算你現在動不動就對著前任的社交動態做閱讀理解，連前任分享一首歌都要猜測隱藏的含義，也必須逼著自己忘掉這件事，因為無盡的猜測會讓你心神不定，無法按照自己的計畫做事。

如果你打算挽回對方，就要在這個過程中一次次地壓抑住自己的衝動，不管是找人傾訴，還是轉移注意力，抑或是適當地封鎖掉一些有關前任的動態和消息，你都必須保證：不管自己心態崩塌成什麼樣子，都不能把這種情緒帶入你的挽回行動中。

因為在情緒失控的狀態下，只會進一步讓前任感覺到你不可靠，很危險。

③ 真的對自己進行總結反省，並且做出實際改變

坦白說，雖然「改變自己」這件事大家都知道，但是真要落實下去並沒有那麼容易。

你在過往的狀態當中已經生活了那麼多年，現在要你在短時間內改變自己一直以來的觀念和行為方式，你真的能做到嗎？

所以，當你想要挽回前任的時候，一定要認真審視自己的內心，嚴肅地問自己：我是否真的願意因為這個人去改變自己？如果我的前任到現在還認為他自己什麼都沒有做錯，我是否真的願意主動做出讓步和妥協？

要知道，這些改變你原本沒有必要做，但是你既然要做，就要心甘情願，不要抱著「我為你做了這麼多事情，你就應該和我復合」這樣的想法，在道德上綁架對方。

④ 即使想要挽回對方，也要做到不卑不亢

我們前面說的三件事情，大部分人透過努力是可以做到的。

但是第四件事，涉及自我心態的保持，很多人都難以做到。因為他們的得失心太重，總是害怕徹底失去對方，所以在挽回的過程中總是不由自主地變得卑微起來：

不惜打亂自己原來的生活節奏，只要前任願意搭理自己就行；放下要做的事情陪著對方聊天是應該的；願意無底線

地為前任付出和犧牲，只要對方還願意和自己保持聯絡；不管前任說什麼都是對的，自己把所有責任都承擔下來，一切都是自己的錯……

你以為這樣就可以展示出自己的誠意嗎？實際上，這樣做根本不利於復合。雖然你現在真的很想挽回對方，但是你一下子把自己的位置擺得這麼低，很容易讓對方背負巨大的心理負擔。而且漸漸地，對方可能恃寵而驕，覺得自己真的什麼都沒有做錯，覺得你為其做什麼都是應該的。更嚴重的是，如果你的心理地位一直特別低，對方反而不急著與你復合：「反正只要我點頭就能重歸於好，還是先觀察吧！我不著急。」

你要知道，當你去挽回對方的時候，目的並不是要對方回來，而是踏踏實實地去改變自己，透過做一個更好的自己來重新吸引對方。

這兩者是有本質差異的 —— 前者會為了對方而無原則地退讓，而後者的目的始終是先練好自己。

⑤ 對於過去的事情，真的能做到既往不咎

這件事直接關乎你們復合之後感情的穩定程度。

有的情侶雖然很快復合了，但實際上，對於過去感情中遺留的問題，其心裡一直沒有放下。

我經常跟那些復合成功的人說：你們復合之後，就要清

楚自己是在開始一段新的感情，你們必須對之前發生過的事情既往不咎。我知道，前任可能做過傷害你的事情，但是既然你要重新開始，就不能對過去耿耿於懷。

或許你現在覺得自己能做到既往不咎，但那可能是因為你還沒有成功與對方復合：等到你真的見到復合的曙光時，等到你們真的重歸於好時，你內心多少會有一些不服氣。你可能會覺得：「感情是兩個人的，為什麼要我一直主動挽回你？」

你真的能做到既往不咎，去開始一段新的戀情，而不是打算復合後再一點點翻舊帳，清算你的委屈和不滿嗎？

想清楚這些問題，再來考慮要不要挽回對方吧！

如何區分假性分手與真性分手

當我們想要挽回前任的時候，首要做的不是直接去聯絡對方，而是要判斷清楚一件事：這到底是真性分手，還是假性分手？

你可能感到疑惑：這件事還能有假？

是的，有假。

我曾經的一任女朋友，在我們交往的兩年中，先後十幾次向我提出分手，但沒有一次是認真的。

因為分手幾天之後，她總會乖乖地回來，開口就是：「我

想了想，我們那天太激動了……」

對於有些人來說，這不過就是一個發洩情緒的方式。甚至有些女生還會向我諮詢：「老師，我鬧分手就是想讓他來哄哄我，怎麼他還沒動靜？」

這樣的想法確實很「作」，但是我們能夠透過這件事知道：分手是分真假的。

① 假性分手

假性分手最大的特點，其實我已透過上面的例子說明了：提出分手的人根本不想分手，而是希望你做出妥協和讓步，甚至只是哄哄他（她）。這樣的人，會想辦法來吸引你的注意力。

大張旗鼓地鬧騰從來都不是真的要離開，真正的離開都是在一個午後悄悄收拾好東西，打開門，頭也不回地離去。

一個提出分手之後隔三差五來找你的人，一個分手之後在網路社群中多愁善感的人，根本不是想和你分手。

如果你的前任具備以下三點特質，則說明你們之間是假性分手，你只需要在兩三天後態度誠懇地認錯，哄一哄他（她），對方就會回來。

1. 保留著你所有的聯繫方式，並且頻繁地在社交平臺上發布一些傷感的狀態。

2. 提出分手之後卻一而再、再而三地來找你聊天，並在找

你聊天的時候還帶著指責或者憤怒等激動的情緒。

3. 導致你們分手的原因，可能僅僅是一次激烈的爭吵，或者是你對一件事情的做法令對方不滿意。

在假性分手期間，有三點是特別需要注意的：

♥ 不要找其他異性尋求解決辦法

♥ 不要帶著不良情緒去找對方理論

♥ 不要過度放縱自己，忽視了對方的情緒感受。

以上三種錯誤行為，往往會加重對方的負面情緒，同時讓對方覺得你沒有能力去解決感情中的矛盾，進而對你的好感度迅速下降，於是漸漸認為「分手好像也是一個正確的決定」。

面對假性分手，你需要做的是「哄」。

當然，這裡所說的「哄」，不是讓你無條件討好對方。要知道，靠無條件討好，留得住對方的人，卻留不住對方的心。同樣，也會使對方認為，可以以分手為手段，讓你無條件妥協一切事情，進而變本加厲地以此相要挾。

因此，面對假性分手，需要哄得「有智慧」，讓彼此之間的關係回暖的同時，又讓對方認知到「以分手相要挾」是不對的。

這裡提供一個公式：

> **合理化的「哄」＝誠懇表達歉意＋闡述自我態度**

無論是男生還是女生，大多數都是「吃軟不吃硬」的。所以當對方和你假性分手後，內心是希望你能主動哄他（她）的。

但是，我們所說的「哄」，不是讓你說一堆肉麻的情話，而是安撫對方，試探對方現在的情緒狀態；之後開始誠懇地表達歉意，就事論事，講清楚自己做了哪些事情、說了哪些話，讓對方感到傷心了，並表示以後再不會讓彼此衝動地面對矛盾了。

最後，需要進行自我態度的闡述，這一步尤為關鍵。

之前無論是「哄」還是道歉，都在無意識中把自己放到了戀愛關係的低位，那麼自我態度的表達，就是要把自己拉回與對方平等的位置。

在闡述的時候，要講究話術，讓對方在理解你的同時，意識到自己的過分之處，並向對方傳遞一個信號：「我可以照顧你的情緒，但是你也要意識到自己的錯誤。」

透過這種方式，可以讓自己在看似軟弱的表達背後，彰顯出堅定的立場。

總體來說，按照上面談到的挽回步驟，可以歸納如下：

第一步：「是哪個小仙女在這裡生悶氣呢？」（為聊天創造輕鬆的氣氛）

第二步：「好啦，我知道錯啦！剛才我在吵架的時候，態度確實不好，不該對你大喊大叫的，也不該……」（表達歉意）

第三步：「但是這件事你也得理解我一下，我最近真的是……我確實忽略了你的感受。」（將自己此前表現出的態度合理化）

第四步：「但我昨天生氣是因為……這點小事你就要和我分手，以後可不能把分手放在嘴邊，你要是再因為一點小事和我說分手，信不信我打你屁股？」（表明態度，拉回平位）

❷ 眞性分手

真性分手一般符合以下特徵：

1. 分手的時候對方十分平靜，而且分手的原因是長期相處下來感到不合適或不滿意；

2. 分手之後，在相當長的時間之內對方沒有來打擾你；

3. 分手之後切斷了和你的聯繫，甚至刪除了你的聯繫方式。

不可否認的是，真性分手的挽回難度比較高，但是如果用對處理方式，依然可以實現一定的復合率。

我們必須清楚一點：因為彼此曾經相愛過，所以存在著一定的感情基礎。我們要做的並不是對破裂的感情進行修復，而是創造吸引力，讓愛情之火二次燃燒。

真性分手後，一定不要採取以下挽回行為：用通訊軟體、電話、簡訊頻繁騷擾對方；過分低姿態乞求復合；用對方父母施壓，逼迫對方妥協；製造偶遇，不斷地刷存在感；向前

任身邊的異性「示威」，宣示自己的主權。

對於真性分手來說，一定要給彼此一個足夠長的冷靜期，一般 3 ～ 21 天是比較合適的。

在這段時間之內，你必須做出切實的自我提升，在形象、性格、行動等方面做出積極的轉變，只有這樣，才有利於在後面的挽回中重新贏得對方的好感。

傳訊息給對方還有回覆，是不是假性分手

對於「假性分手」的定義，其實只需要記住一句話：分手根本不是對方的目的，而是手段；對方的真正目的是引起你重視，並促使你做出讓步。

實際上，和你假性分手的人，比你更害怕斷開聯繫。他根本就沒有想過分手，你要是一下子跟他斷了聯繫，就會變成他不想發生的真性分手。

所以，若是假性分手，對方一定會回覆訊息。

但是，對方回覆訊息，並不一定是假性分手。我們還需要根據對方回覆的內容，判斷對方的真實態度。

1 簡單的回覆

如果對方是回覆你「嗯」、「好」、「知道了」等，那麼顯然，這不是什麼積極的信號，因為對方並不想和你繼續聊下去。

不過，既然對方依然願意回覆你，至少說明，對方還願意敷衍你，對你還沒有討厭到封鎖的地步。

但是你也不要因此就認為可以繼續挑戰對方的底線，因為這個時候對方還給你留著最後的一點情面，如果你繼續以目前的狀態不斷打擾對方的生活，就真的有可能被拉進黑名單了。

所以，當你收到對方這樣的訊息時，應該做兩件事情：

❤ 停止和這個人的聯絡，避免對方對你的印象進一步惡化；
❤ 開始以委婉的方式展示自己，比如在網路社群中發一些自己積極向上的生活動態，讓對方慢慢淡化之前對你的不良印象。

② 簡單的回應

如果對方只是回覆你「那蠻好的啊」、「加油，你可以的」、「你說得對」等訊息，它比上一種回覆稍微好了一點，最起碼對方在回應你的話題；但是細品之後，你有沒有一種「嘴被堵住的感覺」？

當你給對方發訊息說：「我今天去健身房了。我的天，好久沒運動，累死我了！」是希望跟對方講講你的經歷和感受，順便聊聊對方最近的生活。

但是幾分鐘後收到對方的回覆：「那挺好的啊！」

你的心可能瞬間涼了一大半，只能乾笑著說「哈哈，是的」。因為對方的回覆傳遞出一個訊息──我們的交流到此

為止。這樣的回覆看似積極，但實際上對方根本沒有延伸話題，也就沒有給你繼續聊下去的機會。

所以，這個時候我們要做的是繼續展示自己的價值和改變，爭取讓對方看到我們更多的變化，為我們的改變所吸引。

③ 開始接過你的話題

當你的前任開始接過你的話題，說起自己的狀態時，說明對方開始願意和你聊天了。

但是別高興得太早，你要留心一件事：對方是真的願意和你交流彼此的生活，還是僅僅將你當作情緒垃圾桶或者情感備胎？

我們必須根據對方的不同態度和表現，來採取不同的對策。

如果對方真的願意和你分享生活、交流情感，那麼你必須提高聯絡的頻率。

而那些僅僅將你當作備胎的前任，最常見的表現就是，需要你的時候，就拉你過來聊幾句；不需要你的時候，就「嗯嗯」、「哦」這樣敷衍著回覆。對於這種情況，你需要稍微冷漠一點，讓對方意識到你並不是一定要挽回他（她），不要把你的真心當成可以隨便利用的工具。

4 回覆積極的訊息

如果前任對你拋出的訊息能回應並主動詢問，那麼恭喜你：對方能夠承接起你的話題，並對你進行詢問，說明對方已經對你的生活動態非常感興趣了。

所以，藉此機會，你可以開始嘗試約對方見面了。因為這個時候，對方無論是被你吸引，還是對你的改變感到好奇，往往都會願意與你見上一面的。

因此，判斷對方是不是假性分手，不要只看對方是否回覆你的訊息，還要看對方回覆的內容是什麼，傳遞出怎樣的態度，這才是決定你下一步採取何種挽回方式的關鍵。

分手後對方無縫接軌，還有必要挽回嗎

之前有個來諮詢的女生給我留下了十分深刻的印象。她剛剛抱著電話和我哭訴了 3 個小時，說如何離不開前任，全世界再也沒有人會像前任對自己這麼好了。結果沒過多久，她又氣呼呼地找我說：「老師，我不想挽回了，你教我怎麼開始一段新的感情吧！」

我問她怎麼變得那麼快，她發給我一張截圖：「吶，你自己看吧！」

那是他前任貼文的截圖，他們剛剛分手五天，這個男生已經晒出了和下一任的親密合照。

那些分手之後無縫接軌的人，到底是怎麼做到的？

當你下定決心要排除萬難挽回對方的時候，卻發現對方身邊已經有了新人，你該怎麼做？

大家都是明白人，說點真實的：分手後無縫接軌的人，95％的人都是早就有了新的對象，分手只不過是走個流程，讓曾經的「出軌對象」名正言順地上位罷了。

別覺得你的前任沒有那麼壞，是那5％的人 —— 能在分手之後短時間內吸引到一個異性，並且透過互相觀察考驗，然後讓對方接受。這麼有魅力的一個人，我估計普通人一般也不太容易遇到吧！

所以，對於大部分普通人，如果前任在與你分手之後用一種快得離譜的速度找了下一任，那麼基本上可以確定，在分手之前你的頭頂就已經有一片「青青草原」了。

所以這個人之前提出的分手理由，尤其是涉及對你評價的部分，基本上不用太當真。因為，那些所謂的「分手理由」，不過就是為了找碴逼你走。

仔細想一想：

你一直都喜歡追劇、玩遊戲，又不是最近才喜歡上這些的，怎麼對方忽然就認為你不思進取了？

你喜歡逛街買東西，但每次數額並不大，你自己都承擔得起，怎麼忽然就被扣上了「敗家」的帽子？

你有時候會鬧脾氣，但你起碼還是明事理的，真做錯事了

也會承認道歉，怎麼忽然就被說成是作天作地的大小姐脾氣？

好像在分手之前的那段時間，你忽然就變得十惡不赦了：你渾渾噩噩不思進取，你敗家浪費沒有金錢觀念，和你在一起看不到未來，你沒有一點責任心，你不講道理、自以為是，你在感情當中就是一個「吸血鬼」……

過去能接受的，現在不能接受了；過去可愛的，變成可恨了；過去不是問題的，現在問題大了……欲加之罪，何患無辭？對方為了趕你走，什麼「帽子」都能扣。

這些都是對方為自己開脫的方式：只要將你貶得一文不值，只要把你描述成一個十惡不赦的罪人，那麼拋棄你、背叛你就變得理所當然了 —— 不是我出軌，是我沒有辦法在這個人身邊繼續待下去。

你只要表現出委屈或者憤怒，只要和對方爭辯幾句，就正中對方的下懷：

「你看看，我說你，你還不聽。」

「你這個人就是永遠都不會檢討自己，我跟你沒有辦法溝通。」

「你如果還是這種態度，我們真的沒有辦法在一起了。」

你要知道，出軌的人雖然道德品格不怎麼樣，但他並不願意承認自己是一個見異思遷的人。所以他唯一的辦法就是挑起事端，引發矛盾，然後藉著機會把你從頭到腳地否定一遍，這樣他就可以心安理得了。

所以你會發現，這些無縫接軌的人，在和你分手之前就像急瘋了一樣，不停地告訴你：你不好，你有問題，你配不上我……但他就是死活不提分手，寧願吵架、冷暴力，寧願被你扯著一遍遍問「你到底是什麼意思」，也絕口不說分手。

如果真的是你有問題，他會理直氣壯地與你分手，因為他才是受害者。

但正是因為他知道，那些加給你的「罪名」是自己編出來的，他自己都不相信這套說法，所以不敢堂而皇之地提出分手。因為他清楚地知道，如果自己主動提出分手，然後無縫接軌新戀情，「負心漢」的罪名無疑就坐實了。

他雖然一次次義正詞嚴地說你不對，卻拖延著不肯說分手。他要拖到你受不了而提出分手，然後虛偽地裝出一副捨不得的樣子：「居然變成了這個樣子，我很遺憾。但是如果你希望分開，那我們就分開吧！」

這樣，他的負罪感就會小一些，可以騙自己說：「你看，我可沒有說分手哦，是對方說的。前任把我甩了，我重新找一個人談戀愛，合情合理。」

對於這樣的前任，在我看來是沒有必要挽回的。

你覺得呢？

前任有這十五種表現，證明對方心裡還有你

第一種：主動來找你、明確表示有復合意願、對曾經的感情真正做出了檢討和反省的人，心裡還有你。但是，如果對方主動來找你，只說喜歡你卻絕口不提復合，對過往的感情也沒有反省和檢討，那麼說明對方的心裡已經沒有你了，只是另有所圖。

第二種：問你分手之後還能不能做朋友，或者分手之後經常以「朋友」的名義接近你的，十有八九是對你念念不忘。難道交不到其他朋友嗎，非要和前任做朋友？

第三種：對方日子過得好好的，卻放著自己的事情不做，非要找你聊天，顯然是放不下你。

第四種：有些前任的心理狀態很有趣，他們就像學校裡透過欺負女孩子來吸引對方注意的小男生，藉由找碴，在網路社群透過評論惹你生氣來吸引你的注意。

第五種：大半夜不去睡覺，非要拉著你聊情感，聊來聊去，最後落腳在「我到現在都沒有談戀愛」，想做什麼就不用我多說了吧！

第六種：如果別人跟前任談起你或你與前任之間的往事，前任馬上神情嚴肅地表示不想討論這件事，或者一聽到你的名字就拉住對方聊個不停，都表示心裡沒有放下你。

第七種：與上一種同理，如果你的一位朋友突然和你聊

起你的前任，那麼，你的這位朋友多半是個「內鬼」—— 他可能是你的前任派過來打探情報的，目的就是試探一下你現在對前任是什麼態度，前任能不能挽回你。

第八種：與你分手之後很長時間都沒有談戀愛的，或者談了戀愛但是時間十分短暫的，多半都是忘不掉你。

第九種：分手之後迅速脫單的，如果確定不是因為對方在分手之前就已出軌，那麼多半也是因為忘不掉你—— 有相當多的一部分人會在分手之後因為想要快速擺脫情傷而盲目開始一段新戀情。

第十種：如果對方以前並不熱衷於在社交平臺分享自己的生活，但是分手之後隔三差五就在網路社群炫耀自己現在的生活多麼美好、自己多麼成功，那麼對方的網路社群很可能使用「部分可見」功能，僅對你可見。有些人忘不掉前任就會用這種賭氣的方式向對方叫囂：「你看，沒了你，我不是照樣生活得很好？」但是實際上，正是因為忘不掉、放不下，才會賭氣。

第十一種：如果前任經常在網路社群發這樣一些照片，比如你們曾經一起去過的地方，或者你之前送前任的禮物；或者分享一些你們過去經常聽的歌，那麼多半表示放不下你，想要挽回你—— 因為在挽回當中，這種要素叫做「心錨」，目的就是喚起你對這段感情的美好回憶。

第十二種：如果分手之後，你的前任改變得不錯，而且

還主動約你出來見面，那麼多半是已經想要用行動挽回你了——因為在挽回當中，一般都是先改變自己，吸引對方，然後透過直接見面引發對方對自己的好奇心，最後再不斷地拉近關係，伺機復合。

第十三種：如果你們還有聯繫，你可以揶揄對方一下：「我覺得你分手之後過得很開心嘛！」如果對方無動於衷，就表示對方已經把你放下了；如果對方趕緊解釋，繞來繞去想表達「沒有你的生活一點也不開心」，那就說明他的心裡還有你。

第十四種：如果對方心裡還有你，雖然不一定主動找你，但是你主動與其聯絡的話，都會得到很積極的回應。有些時候，不來找你，未必是不喜歡你，或者忘記你了，可能只是因為不清楚你對其的態度，所以不敢接近你。

第十五種：對你還有怨氣的，多半是還沒有放下你；而表示過去的都過去了且特別淡定的人，則真的沒把之前的感情當回事。

其實，你能耐心看完這麼多種表現，對方心裡有沒有你不好說，但可以確定你心裡一直都有這個人——既然這樣，為什麼你不嘗試主動挽回對方呢？

分手後封鎖了聯絡方式，還能挽回嗎

曾經有不少諮詢者非常痛苦地問我，前任將其的聯絡方式拉入了黑名單，是不是沒有挽回的餘地了。

對於這種問題，絕大多數情況下，我會告訴他們，不用害怕，對方只是希望能夠忘掉你，但是並沒有真的放下你。

為什麼這麼說呢？

因為在情感心理學中，戒斷前任的第一步就是封鎖對方的聯絡方式。因為很多諮詢者根本管不住自己，只要留下前任的聯絡方式，他們就會忍不住去聯絡對方，甚至無休止地騷擾對方。所以身為心理諮商師，我們都會建議想要戒斷前任的諮詢者，刪除或封鎖前任的聯絡方式 —— 但是我們知道，這並不代表戒斷成功。

真正的戒斷是：你還在我的好友名單裡，但是我根本不想和你聯絡。你傳訊息給我，我也懶得理你；就算理你，我也不會想與你復合。這才是最決絕的態度。

所以，分手後刪除了聯絡方式，只能代表對方正在試圖努力忘記你。但是從嚴格意義上說，並沒有真的放下你。

那麼，這是不是意味著，如果被刪除的人再去聯絡對方，會有好的轉機呢？

其實並不是。

因為刪除這個舉動雖然不代表徹底放下，但也是一個帶

有強烈情緒的舉動，說明做出刪除行為的一方十分厭惡和反感被刪除的人，短時間內不是很想再和那個人聯絡。

之所以不想聯絡，可能是因為之前的溝通十分不愉快，沒價值，沒效率，所以與其留著對方，讓這個人對自己進行長時間無效率的打擾，還不如刪除或者封鎖，眼不見心不煩。

所以，要是真想和刪除你的人重新建立聯繫，比較好的方式是寫長信來和對方溝通。因為寫信是一個單方面的輸出，對方會在一個沉穩的狀態中接收你的訊息，免去了面對面交流時因情緒激動而再次發生爭吵。

但是，如果做出刪除行為的人是你自己，而你真的需要給自己製造一個不被打擾的環境時，一定要記得：要刪除就全部刪除，不要給對方留下任何可以聯絡到你的路徑。

之前幫助一些女生戒斷前任的時候，我發現了一個特別有意思的現象：有些女生刪除了前任好友之後，我要求她們把對方的手機也封鎖，結果她們立刻表現出一副不情願的樣子。

我知道她們在想什麼，她們表面上刪除了這個人，但實際上心裡還是放不下，故意留出一個小窗口讓對方有機會來找自己。

另外，很多人在刪除了前任之後，還會收到前任添加好友的請求，他們也會來問我要不要重新添加前任為好友。

對於這種情況，我建議考慮以下兩方面因素。

1. 如果你不想和對方復合，那麼能否做到就算對方來加你，你也能不受他的情緒干擾？

2. 如果你並不拒絕和對方再續前緣，那麼他有沒有真的改變自己，對之前的感情進行過認真的反省？

像我一開始說的：刪除前任，並不能說明你真的忘記了這個人。真正忘記和放下一個人是，就算他在你面前，你也能心如止水，情緒沒有任何波動。

到了這個時候，其實對方加不加回好友來也無所謂了，你要是覺得兩個人畢竟曾經交往過，沒必要把關係搞得那麼僵，你想加回來當然可以。

而如果你想給對方一個機會，那麼一定要看對方是否真的能夠解決之前導致分手的問題。此時，要看對方的實際行動，因為有太多的人為了能夠挽回前任，會開出特別多的空頭支票，但是一旦看到復合的希望，就會忘乎所以，恢復其本來的面目。

實際上，刪除聯絡方式這件事雖然看起來十分嚴重，但並不是最可怕的。

最可怕的是不在乎，就算你在他的好友名單裡，就算你還和他有聯絡，但他根本不理你。

分手時，是否該找對方把問題說清楚

對於分手，很多人的處理方式都不一樣。有的人認為應該把話談開了，說清楚，分手也分得明明白白；有的人認為既然已經決定分手，說什麼都沒有意義了，不如不說。

我的建議是：分手時，最好把話說清楚。

因為，你們在分手的時候說了什麼，會直接影響兩人分手後的關係發展。有很多分手之後的遺留問題，都是由分手時沒有把話說清楚而導致的。

大部分人提出分手的原因，歸納起來無外乎兩種：一種是由於有各種現實原因，導致你不想努力與對方繼續走下去，比如異地分居、父母反對等等；另一種是沒有具體的實際原因，就是不喜歡對方了。

這兩種情況，在分手的時候處理方式都是不一樣的。

對於第一種情況，之所以必須把話說清楚，是為了讓對方清楚，阻礙你們繼續交往的現實問題是什麼。

倘若有一天這個問題解決了，你們還是有可能復合的 —— 如果未來的某一天你真的想要挽回這段感情，那麼分手時將話說清楚就太有必要了。

如果分手時不把話說清楚，你在試圖挽回的時候，對方心裡是會產生牴觸情緒的：憑什麼你說分手就分手，你說和好就和好？

但是，如果分手時你把原因說得清清楚楚，那麼挽回的時候也可以試著說服對方：「我了解是什麼導致我們分手的，我已經找到解決方案了。」

比如：

💜 當初分手是因為我們遠距離，並且對未來沒有規畫；現在我工作變動，要去你所在的城市了，而且我打算在那裡定居。

💜 當初分手是因為父母強烈反對，現在父母見我一直不願與其他人交往，所以決定不再干涉我和誰戀愛了。

💜 當初分手是因為我工作太忙，與你缺少交流；現在我換了一份朝九晚五的工作，可以多點時間陪你了。

這樣對方會更容易接受，至少也可以看出你是在認真對待這份感情。

所以，對於這種因為現實問題而導致的分手，在分手時應該把話說清楚，不僅表示了對這段感情的尊重，也為彼此留下一點餘地 —— 萬一以後想要挽回呢？

而對於第二種情況，很多人是不想挽回的，因為提出分手的人已經對對方沒有興趣了。他知道對方很好，也知道分手後一陣子可能也找不到更好的人，但就是不願意和對方繼續交往下去了。

在這種情況下，我們更需要把話說清楚，只有這樣才能避免對方糾纏。

♥「是的，我就是不喜歡你了，沒有為什麼，也不是你哪裡做得不好，我就是厭倦了，和你沒什麼關係，我這個人本來就是這樣的。」——堵住對方「自我改正」的道路。

♥「你沒有對不起我，我也沒有對不起你，如果我有問題，我也不想改了，反正我本來也想分手了，所以別指望我和你一起解決問題。」——堵住對方「一起努力」的道路。

♥「我這個人就是很隨性，不管你做什麼或者變成什麼樣子，我都不會再喜歡上你。你變好看不會，你變苗條不會，你變有錢也不會，所以你也不要做徒勞的努力了。」——堵住對方「二次吸引」的設想。

♥「你可以恨我，反正我是來通知你的，不是來和你商量的。我馬上封鎖你所有的聯絡方式，你別來找我，也找不到我。」——寧可讓對方恨你，寧可表現得絕情一些，也不要給對方繼續糾纏你的機會。

　　雖然這樣做很殘忍，但是如果你真的從心裡厭倦這個人了，這對你們雙方都有好處：你都已經死心了，如果還讓對方對你抱有幻想，或者還讓對方因為覺得可以改變什麼而在你身上耗費時間，那是對你們兩個人的不負責任。

　　所以，分手時一定要把話說清楚，要麼告訴對方「我對你沒有什麼不滿，真的是因為一些現實問題導致我們走不下去了」；要麼告訴對方「我就是不喜歡你了，無論你變成什麼樣子，我都不會再喜歡你」。

判斷你的前任是否值得挽回

讀完之前的章節，你可能會發現一個問題：在一本講述挽回的書當中，我不止一次提到「沒必要挽回」這樣的概念。

的確，並不是所有的分手都適合挽回，有的挽回甚至會害了你。

曾經有一個女生想要請我幫忙挽回前任，但她的前任是PUA。在他們的交往過程中，前任無數次貶低和否定她的價值，利用完她之後就一腳踹掉了她。但是，這種長期的精神操控居然讓女生誤以為自己真的很不好，是自己搞砸了這段關係。

這樣的一段關係顯然是不值得挽回的。

所以，在你開始挽回之前，不妨先看看這一節，判斷一下你費盡心思想要挽回的那一位，真的值得你這麼做嗎？

1 不值得挽回的感情

我一般不建議挽回的感情，一般包括以下幾種。

（1）你們之間存在很大的差異，你只不過是不習慣失去這個人的感覺

我們面對悲傷的時候，首先的心理反應就是「否認」，因為我們不希望生活當中出現太大的意外和變數，因此我們會本能地想要否認現在的變化，想要回到過去的穩定狀態。

但是當你接受不了分手的事實，想要挽回對方的時候，有沒有想過其實你們之間根本不合適？

有的人想挽回對方的原因根本不是多麼喜歡對方，而只是習慣了身邊有人陪伴。

如果你不知道怎麼判斷，我給你三個標準來看一下，你心裡大概就有數了。

1. 在相處的過程中，你們曾經因為價值觀的差異爆發過三次以上的爭吵。
2. 在相處的過程中，你對對方的很多行為感到不滿，但是由於還在一起就選擇了忍耐。
3. 當你們之前出現差異的時候，對方會表現得十分不耐煩，直接說你是錯的或者是你不好。

以上三條，只要有一條符合，就說明你們兩個人根本不合適，你只是因為受不了單身生活，所以想要挽回對方。

(2) 對於導致分手的問題，你並不想努力解決

舉一個最常見的例子：遠距離戀愛分手。

我經常遇到這樣一些諮詢者，他們在遠距離戀愛分手之後，哭著喊著要我幫忙挽回前任。但是在了解基本情況之後，我勸退了其中的很多人。因為他們根本就不想解決感情中的實際阻礙，何苦浪費時間和精力去挽回對方？

你在這裡倒苦水，賣慘，表示放不下對方，結果一說要

去對方的城市，立刻變臉，這樣的感情有什麼值得挽回的？

同理，因為家庭條件、父母反對等原因導致的分手，不是不能挽回，但是只要你決定挽回，就要準備好，很大可能會讓你做出退讓和犧牲。如果沒有這個覺悟，我建議還是不要挽回。

導致你們分手的原因就是那個明擺著的問題，你自己都不願意解決它，即使你們復合了，又能怎麼樣呢？情況會變得更好嗎？你們到最後不還是要面臨這樣的問題嗎？

(3) 負罪感太重，想要靠挽回來彌補對方

你要知道，能推動我們做事情的，永遠不是負面的情緒。負面的情緒雖然會讓我們在恐慌和羞愧當中產生更多的動力，但是如果這種狀態持續太久，你會因感到壓力太大而想要逃避。

曾經有一位男生請我幫忙挽回他的前女友，當時分手的原因是他做了非常對不起對方的事情，讓對方受到很大傷害。現在他一想到前女友就滿心的痛苦和愧疚，所以想要挽回對方，彌補自己曾經的過錯。

當時我告訴他：「如果你想到對方的時候，心中只有痛苦和愧疚，那就不要去挽回她，因為那會對你們造成更大的傷害。」

他不聽勸阻，執意去做。

雖然兩個人復合了，但是他每次看到女朋友的時候都感覺抬不起頭來，每次說話的時候都是小心翼翼的，生怕自己再說錯什麼話、做錯什麼事情，完全沒有戀愛的感覺。

到後來，他們還是分手了。他以為主動挽回可以在感情上彌補對方，到最後又在對方的心上插了一刀。

（4）你要對自己做出代價極大的、不必要的改變才能挽回

這種情況的一般表現是：你們在三觀和未來規畫上有很大的衝突。

這種原因導致的分手，幾乎沒有辦法說清楚誰對誰錯：你們都選擇了自己喜歡的道路，但是你們兩個人不合適。如果你們換一個伴侶，根本不會分手 —— 甚至那個人還會覺得和你特別合拍。

要知道，人的性格和觀念是很難在短時間內改變的，所以即使你真的努力去挽回對方，這些巨大的改變也會讓你感到十分不適，甚至引起對方反感。搞不好，到最後你還會把這些怨氣發洩在對方的身上：「都是你，讓我犧牲這麼多，你虧欠我太多了！」

如果陷入這樣的局面，你們又怎麼能走得長遠呢？

（5）為了挽回前任，你把姿態擺得很低

接觸的諮詢者多了之後，我發現：人要是卑微起來，什麼事都能做得出來。

有的人即使在分手之後，還會給前任打錢、買東西，希望對方回到自己身邊；有的女生分手之後，明知道前任不是真心和自己在一起，還傻傻地滿足對方的一切要求；還有人在分手之後，為了讓對方原諒自己，甚至採用自殘的方式。

這樣的挽回方式，都是不可取的。

必須記住的是：感情當中是有心理地位競爭的，如果你的地位太低，對方不僅不會和你在一起，反而會覺得和你分手是對的：「你看，現在我不需要你，但是你沒了我就活不下去，說明你配不上我。」

我知道分手對於很多人來說都是一道檻，是讓人肝腸寸斷的一件事情，所以很多人希望挽回前任，希望兩個人能和好如初。

但我想說的是，很遺憾，並不是所有的愛都可以重來。

如果你已經將自己的姿態擺得很低，苦苦哀求對方留下來，那麼你現在最需要做的是學會放手。

我們的感情，放對了地方叫做深愛，放錯了地方只能叫做浪費。

❷ 值得挽回的感情

那麼，什麼樣的感情才值得我們努力挽回呢？

1. 前任身上有獨特的價值，能讓你心甘情願地為對方付出和犧牲。

2. 前任給你留下了十分深刻的印象，以至於當對方離開你之後，你根本沒有辦法僅僅透過換一個新人來抹平這樣的印記 —— 甚至有的時候，你越試圖透過換新人來忘記前任，反而越會覺得前任對你而言不可替代。

3. 你們之間真的十分契合，當初你們分開是徹頭徹尾的遺憾，你可以做得更好。如果你們能夠復合，你會堅持和這個人一直走下去。

以上三條，只要符合一條，請你無論如何也要去挽回對方。不管對方和你是真性分手還是假性分手，不管這個人身在何方，不管你現在還有沒有對方的消息，你都必須去挽回對方。因為這樣的人，你一輩子也遇不到幾個，甚至可能對方就是唯一一個了。

你不能就這麼算了，必須給自己一個交代：要麼你和對方重歸於好，要麼你挽回失敗，從此徹底斷了念想。否則，那種「如果當初……」的想法，會折磨你一輩子。

挽回過程中，你可能犯的錯誤彙總

挽回前任的過程中，最重要的事情是什麼？其實在我看起來，只有三個字：不犯錯。

我不止一次強調過：在挽回前任的過程中，你可以犯的錯誤是很少的，你的試錯成本是相當高的。

對於很多諮詢者，當我了解他們的情況後，會感覺很無奈：他們本來是可以成功挽回的，只要用科學的方法加以輔助，前任大機率會與他們復合。但他們就是耐不住性子，在挽回的過程中因為自己操之過急，所以一次次犯錯，最後讓雙方的感情徹底惡化。

我們究竟應該在挽回的過程中避免哪些錯誤？相信這一節的內容會對你有所啟發。

1 分手之後立刻去挽回

在挽回的過程中，對於時機的掌握是非常重要的。

舉個例子：前任剛剛把你封鎖的時候，你申請添加好友，等待你的只會是被拒絕。但是分手半個月到一個月之後，你再申請添加好友，對方可能就會把你加回來。

選擇兩個不同的時間點，結局大不相同，原因是什麼呢？

剛剛分手的時候，前任對你還有不滿和怨言，動手封鎖你，就表示不希望和你再有交集。這個時候你去挽回，必然會碰一鼻子灰。

但是間隔半個月到一個月之後，對方的情緒已經恢復了平靜，可以客觀冷靜地看待你。另外，斷開聯絡的這段時間，對方很有可能對分手後的孤單和寂寞感到不適應，若沒有新的感情出現，對你也許會產生一定程度的思念。

這個時候再去挽回，可以大大提高成功率。

② 控制不住情緒，做出極端的行為

我曾經見過不少男生，在分手之後非常後悔，為了向前任表達自己的悔恨之情，當著很多人的面給對方下跪，扇自己耳光；有的還會跑到前任的公司門口或前任居住的社區門口拉橫幅懺悔表白。

這樣的行為，只會讓對方覺得你這個人性格偏激，情緒不穩定，根本不敢與你復合。

③ 急於求成，甚至挽回動機不純

有一些男生，在挽回的時候總是急於求成。

比如有的男生，在挽回的過程中見對方沒有特別排斥他，就立刻對女生動手動腳，甚至學習偶像劇中的「壁咚」和「強吻」。

殊不知，女生往往最討厭的就是這樣。她會認為你並不是真心在乎她，只是需要一個洩慾的工具。

在挽回過程中做出這種行為，無疑會將女生對你的印象

分變成負數。

④ 頻繁地進行訊息轟炸，甚至干涉對方的生活

有一些人，看到挽回形勢向好後，總是忍不住單方面將自己代入對方戀人的角色。

比如有的男生會不分時間場合地傳訊息給對方，或打視訊電話，也不管對方是不是在忙；有的女生看到對方和女同事一起說笑著走出辦公大樓，就上去質問「她是誰」、「你們是什麼關係」。

殊不知，這個時候你們並沒有正式復合，如果莫名其妙地以對方的戀人自居，做出一些令對方尷尬甚至引起對方反感的事情，無疑會讓對方斷了與你復合的想法。

試想：還沒有復合就做出這樣的事情，如果真的復合，還不被你煩死？

因性格不合導致的分手，還能挽回嗎

有不少人，當被問到為什麼會和前任分手的時候，會選擇回答「性格不合」，似乎要表達這麼一個意思：我們性格不合，所以注定不能走到最後。

真的是這樣嗎？

不是的。相反，因為性格不合而導致的分手，不僅是可以挽回的，而且挽回的難度更低。

因性格不合而導致的分手，在挽回的過程中只要解決兩個問題，基本上都可以與對方重歸於好。

❶ 真正意識到自己與對方的性格不合，導致對方在感情當中受到了傷害

在我以往接觸過的案例中，由於雙方性格不合而與前任分手的一些諮詢者，往往會有這樣的想法：我的性格沒有任何問題，只不過惹到前任了，老師您告訴我怎樣才能把前任哄回來就可以了。

這種想法本身就是不對的。

當你覺得自己的性格沒有問題，只需要把對方「哄」回來就可以的時候，其實默認對方有錯。那麼，這就注定了你不會認真反省自己在這段感情當中有哪些不適當的行為，不會耐心地與對方溝通。這樣即使暫時哄著前任與你復合，在以後的相處過程中，感情還容易出現裂痕，因為之前導致你們產生矛盾的根本問題並沒有得到徹底解決。

所以，首先必須釐清一件事情：你的性格可能沒有問題，但是你表達性格的方式可能是有問題的。你在對方面前展現自己性格的時候，可能會傷害到對方。

比如你是一個急性子的人，對方受不了你急躁的性格而與你分手。

急性子並不能算是性格缺陷，但要注意的是：你急躁的

性格，在和對方溝通的時候，會不會傷害到對方。

舉個例子：

你性子急，每次約會都提前到，每次一起吃飯都早早吃完放下筷子等對方。

這是沒有問題的。

但是，如果你因為約會提前到而等得不耐煩，因為自己吃飯快而責怪對方磨磨蹭蹭，甚至認為「我就是急性子，所以稍微慢了一點我就可以吼你，就可以甩臉色給你看」，那麼這就是你的問題了。

❷ 透過對方認同的方式，讓對方眞正接納改過自新後的自己

有很多人，儘管認知到自己的不足，也願意在以後的交往過程中努力改正，但是在挽回對方的時候，只會說一句「我錯了，我會改」。

但是，這樣的話，在前任聽來，一點可信度都沒有。

在挽回的最後一步，你必須按照下面這個模板來闡明態度，說服對方：

我之前在感情當中犯了 xxx 的錯誤，是因為我 xxx 方面有問題，所以我表現得十分差勁。

而你接受不了我的性格，是因為我的性格在 xxx 方面給你帶來了傷害，你十分在乎這一點。

113

　　我已經明白了自己的想法和做法是錯誤的，並且我還做了一些改變，比如 xxx。所以，我現在已經完全意識到我的問題，並且積極改正了。

　　將自己的問題剖析清楚，將修正方案釐清，你挽回的語言才更有說服力，對方才有可能真的重新接納你。

　　因此，性格不合適導致的分手是可以挽回的，但是在開始挽回行動之前一定要先問問自己：我真的知道自己哪裡出現了問題嗎？我真的知道對方是因為什麼和我分手的嗎？

男生提出分手後，還會回來找你嗎

　　想知道男生提出分手以後是否會來找你，我們必須釐清以下幾個問題。

1 男生提分手意味著什麼

　　首先，當代男女關係裡，年輕女性的擇偶空間往往更大一些 —— 這也就意味著，在分手後，男生找到新伴侶的難度是大於女性的。

　　在戀愛初期，一般是男生投入更多的時間精力，所以要想在分手後建立新的戀愛關係，男生所付出的代價往往也會大於女生。這也是很多女生在戀愛中「有恃無恐」的原因。

　　因此，男生提出分手，多半是因為他認為和你在一起的

成本太高（比如物質成本或精神成本），以至於他寧願再開始一段未知的戀情，也不願意繼續和你湊合下去。

其次，受傳統觀念和思考模式的影響，大多數男生在感情問題上其實是很容易滿足的。一方面，他們喜歡扮演「給予者」、「拯救者」的角色，喜歡被需要、被依靠的感覺；另一方面，他們不願意被貼上「逃避」、「放棄」、「一走了之」之類的標籤，這和他們心目中的英雄情結是相違背的。

從這個角度講，如果一個男生主動提出分手，很有可能是因為和你在一起的不愉快感（比如壓力、不安全感），已經超過了背棄責任的罪惡感，才讓他不得不半途而廢。

最後，男生往往考慮得更長遠。因此，如果一個男生下定決心分手，有可能是他認為從長遠角度看，和你在一起不能真正滿足他的需求；而他又確信，沒有你，他將會獲得更好的感情與生活。

綜上所述，如果一個男生主動提分手，很可能意味著：第一，他對你很不滿；第二，他想要更好的；第三，他認為自己能找到更好的。

② 男生分手後的感覺

男生在分手之後，一般會經歷四個階段。

第一階段：如釋重負，開始盡情享受久違的單身生活，把自己從戀愛的束縛中解放出來，開始放飛自我。具體表現

為，不再注意個人衛生，不再注意生活規律，和朋友們盡情玩遊戲、暢飲、閒聊。

第二階段：經過一段時間的瘋狂，頭腦逐漸冷靜下來。環顧冷清清的住所，盯著好友列表裡那個空空如也的分組，心智脆弱的已經開始懷念前女友的種種好處；心智堅強的則克制住自己的幻想，靜下心做一個計畫表，列出自己接下來的打算。

第三階段：發現一個人的生活的確難熬。堅強的那一批人開始沉迷工作、愛好，靠這些彌補心靈的空檔；脆弱的那一批人開始降低標準，向那些他以前不會追求的女生投遞信號。如果沒有收到回應，或者可供他選擇的異性難以令他滿足，他很可能陷入對前女友的懷念與對盲目分手的自責裡。

第四階段：熬過這段空檔期的男生，生活逐漸走入正軌，前女友對他而言已經成為一段歷史。熬不過的男生，開始用酒精、香菸、網路遊戲麻痺自己。最脆弱的那一批人，已經開始找機會尋求復合。

③ 挽回的餘地，取決於這個男生的選擇空間

透過上面的分析，不難看出，一個男生是否會有和前任復合的意願，很大程度上並不取決於前任的態度，而是取決於他自己的選擇空間。

和女生不同，大多數男生是很講究面子的。要他們復

合，首先要他們戰勝自己「好馬不吃回頭草」的心理。而只有復合的條件非常豐厚，他們才會為此拋下自己的「大男子情結」，心甘情願地和前任再續前緣。

而如果這個男生和你在生活習慣、個人條件、發展空間、未來追求等方面的差距過大，那麼意味著除了和你復合以外，他還有很大的選擇空間。在這種情況下，無論你多麼努力，他可能都不會與你復合。

「時間不夠長，新歡不夠好」被認為是難以忘記前任的重要原因。這話說得固然難聽，但你最好相信。

④ 如果你真的想挽回，有什麼是能做的

主動向對方承認錯誤，請求他的原諒，並保證下不為例 —— 這是很多女生會採取的挽回對策，但是並不一定管用。

就像上面說的，男生和你分手，是經過深思熟慮的。他眼裡盯著更美好的生活，很難再願意和你回到原來的生活裡。

在這種情況下，認知到自己的錯誤，及時止損，把自己的愧疚用在下一任身上，也許是更好的選擇。

但是，如果你真的對前任難以割捨，並且確信自己可以挽回，那麼這裡有一些建議，你不妨嘗試一下。

第一步，冷靜停止你「死纏爛打」的挽回方式，給自己

和前任一段真正的冷靜期（大約一個星期左右），防止你在極端的情緒下再次做出讓自己後悔的事。

第二步，總結在這段感情當中的經驗教訓，列一份清單，詳細寫上你的哪些行為讓伴侶喜歡，哪些行為會引起伴侶反感，然後向你身邊關係好的情侶們討教，耐心聽取他們的意見。

第三步，重建吸引力，化解矛盾。當你確定自己已經冷靜下來，真正願意改變自己（而不是僅靠花言巧語把前任騙回來）以後，再去找到對方，坦誠地告訴他，你做了哪些反省與努力，用實際行動證明你的誠意。

如果對方願意原諒你，你要抓住機會，一面證明自己已經改過，一面展示自己的魅力，力圖重建當初對對方的吸引力。

如果對方仍然不願意原諒你，也不要因此放棄調整自己心態的努力，這樣才能避免在下一次戀愛中犯同樣的錯誤。

被女生「作」跑的男朋友，還能挽回嗎

在談戀愛的過程中，有不少女生會做出「哭天嗆地」的行為：傳訊息給男朋友，十分鐘沒收到回覆，就認為對方不重視她，要大吵一架；情人節男朋友送的禮物不合心意，就認為對方不懂她，要大鬧一場；更有甚者，「月事」來潮時心情不好，

沒有機會創造機會也要與男朋友「作對」，找一找存在感。

終於，把男朋友「作」跑了，她也消停了。

試問，在這種情況下，她還能挽回男朋友嗎？

坦白說，如果對方看到的依然是你低自尊且控制欲極強的老樣子，他是不會和你復合的。

你要明白：讓男生回頭的決定因素，真的不在於「你有多麼愛他」，而在於「這段感情值不值得他回頭」。

如果你在分手以後，萎靡度日、消極怠工，這只會讓他覺得「你對他的依賴性還是很強，如果與你復合了，你還是會每天圍著他轉」。這樣的你所展現出來的交往價值，真的無法說服他回頭。你的糾纏、你的乞求、你的卑微，只會讓男生覺得「未來的你只會更『作』」。

事實就是這樣，當「作女」以一種極低的姿態去挽回時，就算彼此復合了，她也會在日後想方設法地找回地位，進而變本加厲地去「作」。

所以現在真的不要病急亂投醫，學什麼挽回的萬能套路。倘若你的核心問題沒有解決，即使成功挽回了，也不過是下一次分手的伏筆。

曾經的你，凡事都「作」著男朋友替你去完成；那麼分手後的你，要學會獨立且自信地經營好生活。曾經的你，有一點風吹草動就患得患失，懷疑他人；那麼分手後的你，要學會認可自身的價值，接納他人的觀點。曾經的你，從不顧

及他人的感受，由著性子做事；那麼分手後的你，要學會觀察周遭人士的情緒，合理地進行互動……

比如說，曾經的你，月事一來，就想讓男朋友身前身後地伺候你；那麼在分手後，不妨發一個這樣的訊息：「你的胃藥還在我這裡，最近你的胃還常常痛嗎？」簡單的一句話，比你學再多欲擒故縱的套路都有用。

想要挽回，你不能從一開始就亂了陣腳，否則你的挽回不過是另一種形式的「作」。

所以，對於那些把男朋友「作」跑的女生，我建議從以下五個問題入手，對之前的感情進行復盤。

1. 對方曾經頻繁忍受你的點是什麼？對方的原則和訴求是什麼？

2. 自己能不能放下焦慮，理性地和對方探討曾經發生過的情感問題？

3. 與過去的你相比，對方更希望看到一個什麼樣的你？

4. 此時的你有哪些吸引前任的價值，又存在哪些明顯的性格缺陷？

5. 在沒有前任的時間裡，你該如何獨立地經營好自己的生活？

所以，想明白了嗎？你必須進行深刻的自我剖析，並且理性地想出解決對策。

前任是真的不愛你了嗎？不，他愛的是當初那個活潑開朗或溫柔懂事的你，而非現在這個作鬧無度、患得患失的你。

你要成為一個嶄新且獨立的人，從而給他與你復合的理由和勇氣。

他曾經真的很愛你，但愛怕了，自然就選擇不再去愛了。

被你「作」跑的男生，其實很容易挽回。但挽回的要點，並不在於「你有多離不開他」，而在於你能不能過好自己的生活，同時學會照顧他的情緒。

他只有在你身上重新看到希望，才會願意與你開啟新的未來。

答應我，別再把他弄丟了，好嗎？

第四章　有多少分手可以挽回

第五章
挽回大師的十三項祕笈

明明戀愛時如膠似漆的兩個人，為什麼處久了會磕絆不斷？

某網站對 48,000 對協議離婚案展開調查，結果顯示，真正因感情徹底破裂而離婚的不到 10%，而大多數人離婚只因為很小的一件事，比如男方嗜菸，女方不習慣；女方叨嘮，男方受不了等等。

離婚多數是因為小事，戀愛分手亦然。讓人難受的往往不是遠方的山，而是鞋裡的沙。這就給了我們一個思路：倒掉鞋裡的沙，去挽回對方！

挽回之前，先做好復盤這一步

相關調查數據顯示，復合後的情侶中，只有 10% 能夠走到最後。

之所以會出現這種情況，非常重要的一個原因就是，很多人挽回的出發點就錯了。

挽回的目的，絕對不是簡簡單單地復原過去的感情，而是在之前感情的基礎上去思考如何解決歷史遺留問題，如何糾正原來的錯誤，以後如何做得更好。

而在實際的挽回過程中，很多人都沒有意識到挽回背後更深層次的原因，這是因為他們沒有做好一件非常重要的事情——復盤。

復盤的缺失，導致了我們在挽回過程中頭痛醫頭、腳痛醫腳，一直抓不到問題的本質。

為什麼復盤如此重要？應該怎樣做一個完整的復盤？相信本節會給你答案。

每當有人諮詢我關於挽回的事宜，我都會不厭其煩地追問一件事：「你為什麼要挽回對方？」

大多數答案都是「我還愛著他」、「分手後我後悔了」、「我們之間有很多事情還沒有做」。

但說一句很殘忍的話，當你憑藉著這種不甘、悔恨的心態想要復合，對方很可能不會答應，即使復合了，也不過是

下一次分手的開端。

　　所以我從來不會第一時間教一個人挽回的技巧和話術，因為這樣的方法治標不治本，靠感動強行挽回的愛情，無異於讓兩個人再次互相折磨。

　　正確的挽回心態是：我要挽回的並不是一個人，我不會因為你變得卑微和糾纏。從前我們做錯的事情都過去了，彼此沒有必要後悔。我真正要挽回的，是一段本可以更好的感情。

　　很多時候，你為什麼會後悔？從表面上看，是你還喜歡著對方，還對前任戀戀不捨，但是實際上，要麼是你在分手後沒有找到一個更好的新伴侶，要麼是忍受不了突然孤獨的生活。

　　說白了，你挽回的目的只不過是「想和前任恢復到舊的生活」罷了，但是舊的生活早已千瘡百孔，即使挽回了，又何談未來呢？

　　所以我經常說一句話：「談戀愛靠的是感性，因為愛，才會照顧到對方的感受。而挽回靠的是理性，你要考慮到彼此能不能有一個更好的未來。」

　　舉一個很簡單的例子，你們之前是因為「遠距離問題」而選擇分手，你僅僅因為後悔、對前任還有愛而想要復合，最後如你所願，你花盡了心思，終於感動了對方。

　　但是復合之後，你們的「遠距離問題」仍然存在，彼此之間沒有一個明確的遠距離戀愛終止日期，也看不到明確

的未來，那麼當下一次矛盾爆發的時候，你們依然會應接不暇、心力交瘁。

所以說，挽回這件事，你一定要動腦子，而不要感情用事。

因此，在挽回之前，你就應該釐清這段關係的走向是什麼，彼此又該如何化解之前存在的情感矛盾。你只有給予了對方期待感，對方才會願意與你開啟一段新的生活。

要明白一個道理：所謂挽回，不是拉著前任和你回到舊的生活，而是與他開啟一段新的感情。

一個曾經深愛過你的人，為什麼會和你分手？很殘酷地說，是因為對方無法容忍你身上某種極端的性格缺陷。

這些性格缺陷，可能來自你原生家庭的創傷，也可能來自後天衍生出的暗黑人格，抑或是你長期抱持的一種消極態度。

這些根源性的東西，如果你沒有辦法改變，即使用了再大的氣力去挽回，到最後也是在做無用功。

所以在做高難度的情感分析時，我常常會帶著那些諮詢者，先來完成一件事 —— 復盤。

必須記住一點：復盤一定要在挽回行動開始之前進行。

我根據數萬個真實的挽回案例，總結出以下幾個復盤時必須問自己的問題。

♥ 我們到底因為什麼分手，是因為一時情緒化的衝突，還是對方蓄謀已久的決定？

💜 如何在未解決的問題中找到需求的平衡點，去創造一個嶄新的戀愛氛圍？

💜 在以往的相處過程中，對方長時間無法容忍自己哪些性格缺陷？

💜 導致分手的主觀原因和現實的壓力都有哪些？

💜 彼此在矛盾衝突中是否存在金錢、儲蓄觀方面的衝突？

💜 我們能不能坦誠地說出自己的情感需求（包括偏好需求和恐懼需求）？

💜 彼此以後真的能夠實現有效的溝通，並平等對待雙方的想法和立場嗎？

💜 雙方家庭對彼此的愛情存在偏見和誤解嗎？

💜 雙方身上是否存在極端的性格缺陷（例如出軌、家暴等）？

💜 這個人真的值得你去挽回嗎？

對於這十個問題，如果你能夠反覆思考清楚，找出彼此分手的真正內在動因，其實就已經成功一半了。

因為這十個問題能夠清楚地告訴你，自己的性格缺陷在哪裡，以及自己挽回的大方向又在哪裡。

成年人的世界裡，不能想做就做，而是在失敗之後，讓自己在下一次做得更好。

做好挽回的初期準備

分手初期，可以說是一個人在感情當中最難過、最崩潰的一個時期。

如果想要挽回屬於你的愛情，只有利用這段時間做好相應的準備，才能讓後期的挽回計畫順利開展。

但現實情況是，不少人在分手之後一度頹廢，對待工作失去耐心，對待社交失去動力，甚至連身材和外貌都開始走樣……

想要明白為什麼會出現這種情況，首先我們必須學會兩個心理學理論。

第一個是滑坡效應：一旦一件事情發生了，那麼所有與之關聯的事件都會跟著發生，最終導致災難性的後果。

第二個是滑坡謬誤：只要你踏出了下坡的第一步，你就會不可控制地持續下滑，直至滑到坡底。

曾經有個男生來找我，說分手之後，感覺整個人都提不起精神，覺得自己十分的失敗 —— 工作上，新開展的專案沒有動力去推進了；生活上，一切聚會都沒有興趣去參加了；感情上更不用說，原本各方面條件優異的他，現在竟然不敢和異性說話了。

這樣的情況特別常見，感情上的挫折對他們造成了非常大的影響，以至於事業、生活等其他方面也呈現下滑態勢。

當前任再見到這樣的他時，只會冷冷地說一句：「看到你這個樣子，真覺得我和你分手是正確的。」

前任的這種反應是人之常情，畢竟，我們在戀愛中，一定是覺得對方有魅力，有吸引力，而不是覺得對方令人同情。

所以，我們在挽回之前必須做好的準備就是，讓自己成為更好的人。既給自己留有足夠的體面，也為未來的挽回養足精力，調整好心態。

① 切斷對方可能對你造成影響的管道

有一個女生分手之後一直走不出來，我告訴她：「你把所有與對方有關的東西都收起來，網路社群也封鎖對方的動態，不要去接收與對方有關的任何資訊。如果有可能，你也可以去朋友家住幾天，或者回父母家待一段時間，先切斷和對方的聯繫管道。」

因為與對方有關的物品和資訊，都會讓你不停地把生活和這個人捆綁在一起：晚上睡覺抱的娃娃是他送的，桌子上的花是他買給你的，這件衣服是第一次與他約會時穿過的……

這些事物作為媒介，會不停地拉著你回到過去的記憶中，讓你越來越傷心，越來越難過，難以走出失戀的陰影。

所以，儘早切斷影響管道，能夠將你的生活與他解綁，幫助你更好地建立獨立的生活狀態。

❷ 保證足夠的休息和睡眠

我也曾經歷過分手初期的難熬時光，當時我幫助自己緩解情緒的方法是睡覺，連續睡了兩天兩夜。

這個方法真的很管用，因為睡眠對於我們來說，不僅是調節情緒的方式，也會讓心理保護機制關閉。

心理保護機制是在心理受到傷害之後立刻開啟的，它會把你的悲傷轉化為憤怒和敵意，雖然這樣你可能會感到好受一些，但是並不利於你做出正確的決策。

所以，當務之急是保證足夠的睡眠，關閉心理保護機制，讓自己的情緒平復下來，冷靜地思考這段關係的未來走向。

❸ 建立積極回應的系統

要想避免自己因為失戀的打擊而自暴自棄，有一點非常重要，就是重新為自己建立一套積極回應系統，重新建立起自信，並激發自己的行動力，透過行動不斷獲得積極回應，並在不斷積累的積極回應中對生活產生更多的熱愛。

最好的回應系統，應該是回應快的系統，在這裡我推薦的是健身運動、社交聚會，以及形象改造。

在健身房揮汗如雨之後，你能夠很快地感覺到自己變得有活力了，也能看著體重一點點減少；和朋友聚會，一兩個小時之內你就能感覺到心情愉悅；形象改造，或許透過買幾件衣

服、做個髮型，你就能直觀地感覺到自己外形的積極變化。

有人會在失戀後選擇讀書學習，這件事情看似十分積極向上，但其實並不適合在失戀後建立積極回應系統。因為讀書學習這件事，積極回應時間過長，你可能要學習很久，而且這個過程相對枯燥，反而會讓你半途而廢，產生負面的回應，導致自己更加沒自信。

當然，我不是說你不需要讀書學習，提升自己是分手之後十分重要的事情，但是並不適合在分手初期去做 —— 剛分手時，就算讓你抱著書啃，你也學不進去，對不對？

以上，就是分手初期為了有效挽回所需要做的準備工作。

希望你看完之後，能夠清楚地認知到，分手之後應該做些什麼來保持自己的價值，為後期的挽回做好準備。

掌握挽回的最佳時機

我發現，很多人在分手之後，都會上網搜尋關鍵字「該如何挽回前任」。搜尋結果十有八九都在跟你講一個詞 ——斷聯。

之後你信以為真，覺得自己好像找到了挽回的偏方，於是開始切斷與前任的一切聯繫。說實話，很多前任不會像網路上說的那樣「產生危機感，被激發反覆性情緒」，反而會隨著你的斷聯，開始認為「原來你也想要分手了」。等你冷靜下

來，想要復聯的時候，發現前任早已走出失戀的陰影，甚至開始準備進入新的戀情。

在這裡，我很嚴肅地說一點：別做沒有意義的斷聯，這樣只會加劇你挽回的難度和時限。

你要記住以下三點。

1. 如果是假性分手，那麼切勿主動做出斷聯行為。

2. 如果是一般的真性分手（例如遠距離、現實壓力、性格衝突的原因導致的分手），那麼下下策的斷聯時間是 3 ～ 7 天。

3. 如果是極端性的真性分手（例如出軌、冷暴力、肢體衝突的原因導致的分手），那麼下下策的斷聯時間是 7 ～ 21 天，切勿超過 21 天。

至於為什麼會有這樣的時間限制，其實從心理學角度講，主動分手方對於真性分手的遺忘曲線如圖 5-1 所示。

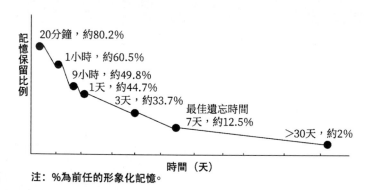

圖 5-1　真性分手遺忘時間節點變化圖

　　從圖中我們可以看出，多數挽回的黃金空窗期一般在
3～21 天之間；前任從第 7 天開始，對你的回憶和眷戀感開
始逐漸下滑；而在 30 天以後，前任對你的感性記憶程度只有
2％，甚至更低。因此，戰線拖得越長，你挽回的成功率就
越低。

　　但是現在的情感教育行業魚龍混雜，很多所謂的「情感
導師」不會解決情感問題，只是一味地告訴你「斷聯，提升
自己」。

　　直到最後，前任對你已經徹底沒有耐心和愛意了，你去
質問那些「情感導師」怎麼回事，他們只會敷衍地回答你：
「你做的自我提升還不夠，前任當然不會回頭！」

　　我告訴大家，斷聯並不是所謂的「靈丹妙藥」，錯過了挽
回的黃金空窗期，那麼你的成功率只會大打折扣。

　　同時，斷聯的目的並不是簡單地讓你不聯繫對方，而是
緩解前任的牴觸心理，降低前任在分手後對於感情的牴觸機
制。當對方能夠理性地回顧感情時，你的復聯才能實現效果
最大化。

　　所以，你在分手後的 3～21 天內的所作所為，直接影響
著你能否成功復合。這段時間是挽回的最佳時機。

挽回前任時，該怎樣破冰聊天

常言道「萬事開頭難」，挽回前任也不例外，破冰聊天總是最困難的，不知道該怎麼開口，也不知道該怎麼打破彼此的尷尬。

所以這一節我們就來介紹一下，挽回前任時，怎樣破冰聊天效果最好。

❶ 錯誤的開場聊天方式

很多人在挽回的過程中，開場聊天方式是不對的，這會在很大程度上增加後期挽回的難度。

我們來看看錯誤的開場聊天方式有哪些，把這些錯誤方式規避掉，後面的聊天才會順利。

（1）開口必提復合

有些人在開始著手挽回前任的時候，每次聊天都要談到復合的話題，讓對方看出你有很強的目的性。

可能你認為目的明確並沒有什麼不好，我也明白你花了那麼長時間去準備，就是為了實現「挽回對方」的目的。但是，在挽回初期，你就急不可待地表述這個想法，未免有些為時過早。

雖然你很清楚自己是誠心誠意的，願意為了挽回對方而做出適當的改變；但是在對方看來，你不過就是一個消失了

很久之後突然出現的前任，這個時候貿然提復合，自然會讓對方覺得你難以信任。

（2）頻繁道歉

我知道你心有愧疚，也明白你一直對自己在過往感情中犯下的錯誤耿耿於懷。

但我想說的是，如果你在這個時候一直重複提及你在感情當中曾經犯下的錯誤，無疑是一次次地把對方拖回過往糟糕的回憶當中。

雖然你知道了自己的錯誤，但是表達一兩次就足夠了。對方已經給你重新聯繫的機會，你現在需要做的是抓住這個機會，好好表現，爭取再次贏得對方的好感，而不是一次次舊事重提。

你改正錯誤的誠意，必須用行為來展示，而不是僅僅用嘴說。

（3）無故中斷聯繫

有些人在與前任破冰聊天後，並沒有將聯絡持續下去，而是像「打游擊」一樣，隔三差五問一下對方的近況，表達一下關心，然後立刻消失不見；過十天半月，再與對方聯絡一次，聊些不痛不癢的話題，然後再次消失……

這樣的人往往十分膽小，他們害怕被對方拒絕，所以根本連自己的心意都不敢表達。

在這樣的情況下，你給對方帶來的只有困擾 —— 對方似乎隱約能夠感覺到你的意思，但是又不確定，所以會在相當長的一段時間內對你的行為感到特別迷惑。

　　以上就是與前任破冰聊天中必須避免的錯誤行為。

② 開場聊天中必須做到的事情

　　在挽回前任的時候，開場聊天必須做到以下四點。

（1）展示出你的實際變化

　　讓對方意識到你已經與過去完全不同了，那些曾經導致你們分手的問題已經被你解決了。這樣，可以在後期更容易說服對方與你復合。

（2）表達自己對過往感情的歉意

　　表達自己的歉意，一兩次就好，藉此暗示對方，自己希望復合。

　　但是在這裡必須特別注意一個細節：我們可以說「我意識到了我在過往的感情當中做錯了，所以我要改」，但是絕對不能說「我為了挽回你，改成了這樣」。因為你們分手之後，嚴格來說，對方和你已經沒有任何關係了，所以在這個時候你如果為對方做出很大的改變，對於對方來說負擔大過甜蜜，這反而會成為對方的一個心理負擔。

(3) 聊聊對方的近況

問問對方最近在做些什麼，藉著這個話題引出自己真正想說的：我這段時間都做了什麼。

就像上面談到的，你如果真正意識到了自己的錯誤，不用反覆道歉，只需要讓對方知道你最近都做了什麼，足矣。

(4) 恢復正常的聊天節奏

在這個時候，我們前期可以透過鎖定「心錨」的方式來做一個鋪墊，展開話題。

比如：

「我今天路過 xxx，想起之前你經常去那裡，你最近去過嗎？」

「我今天路過那個日料店了，想起我們之前經常一起去吃日料，你最近去過嗎？」

「我今天路過會展中心了，發現他們在辦漫展，你之前經常追番，現在還看嗎？」

還是從日常的話題切入，但是這次我們用了一點小心機：把聊天的話題和過往的回憶進行綁定，不斷地勾起對方對於過往感情的懷念，一點一點地讓對方想起我們過往的感情。

等到這些話題鋪墊得差不多了，就可以邀請對方出來見面了，然後在這個基礎上逐漸恢復關係。

以上就是我們在挽回前任的時候，聊天破冰的正確方式。

關注感喪失導致的分手，該如何挽回

我們在談戀愛的過程中，經常會看到這樣一種現象：在交往初期，往往是男生給予女生非常多的關注，比如每天為女生買早餐送到樓下，每天接送上下班，閒下來就發訊息聊天等等。但是隨著交往時間的延長，這種關注行為就逐漸減少了。男生將更多的精力投入自己正常的工作生活中，曾經為了約會而推掉的應酬，為了陪女朋友而忘記去打的 LOL（《英雄聯盟》遊戲），都逐一撿拾起來。這個時候，女生就會感覺男朋友忽然對自己變冷漠了，不再像以前一樣關心自己了。於是，很多分手也就在這個時候發生了。

這就是我們所說的，關注感喪失導致的分手。

曾經有一個男生，就是因為長期忽視女朋友的感受，導致被分手。我建議他，要想挽回前女友，最重要的就是彌補前任喪失的關注感。我們主要可以從以下幾方面入手。

1 代入話題，扭轉刻板印象

對於前任關注感喪失導致的分手，在溝通時先扭轉對方對你的刻板印象。

比如：前任的腸胃不太好，過去她胃痛的時候，男生總覺得無關緊要，沒有做到及時關心。

那麼，此刻就建議用關心引導的方式，重新進入對方的生活。例如發一條訊息給對方：「你的胃藥掉在我這裡了。最

近胃還常常痛嗎？需不需要我把藥寄給你？」

透過這種沒有明顯的目的性、攻擊性的話題展開溝通，對方的排斥感就會很弱。另外，這樣的開場白可以表示自己對前任的關心，一定程度上彌補了前任在過去感情中喪失的關注感。

這個時候，雖然對方可能不會表現出明顯的熱情，但是至少對男生的態度已經有了比較明顯的緩和。

❷ 定位身分，有效溝通

在這個時候，一定不要急於向對方表明想要復合的態度，而是要接受身分降級，以朋友的身分去接近對方，雙方保持一個比較舒適的交往尺度，對方才會更願意與你產生有效溝通，進而在下一步建立新的吸引力。

比如，幾天之後女生發了一個「工作好累」的貼文，這是一個非常重要的資訊。我建議這個男生發起無目的性的邀約，去試探女生此時的心意。

「我家樓下新開了一家日本料理店，聽說一男一女消費可以打八折。突然想起你喜歡吃鮭魚，我這裡正好有張優惠券，要不要一起去？」

由於在此前的聊天中，前任已經看出了男生的改變，對於他的態度已經有所緩和，便欣然接受了他的邀約。

我告訴這個男生，吃飯的時候，可以聊一聊自己最近的

生活情況，聊一聊自己最近有哪些新的感悟，但是千萬不要提復合這件事。要讓對方主動接納你，避免對方產生「你以約飯的方式來逼迫復合」的想法。

③ 引導付出，製造空窗期

真正的挽回，不在於「你要表現得很好，讓對方居高臨下地做出選擇」，而在於重新吸引前任，讓她主動想要關注你的生活。

經過上一次的約會，兩人的關係持續升溫，順理成章地進入了挽回曖昧期。

這個時候，就需要挽回一方敏銳洞察，製造空窗期，達到有效復合的目的。

在女生生日這天，男生成功約到了她。提前細心地安排好一天的行程，將以前被自己忽視的關注感，在這個時間節點上對女生進行了有效的彌補。

約會結束後，男生將女生送到了她家樓下。此時，女生對此次約會是意猶未盡的。男生看出了女生的不捨，巧妙地說出了這樣一句話：

「我們抱一下，你再上樓吧！」

要明白，「抱」這個動作的界限感很模糊，它是介於朋友和戀人之間的一種親密行為，女生對這個動作的牴觸感比較低；再加上女生已經對男生產生了好感，便欣然地接受了男

生的擁抱。

之後，男生對女生輕輕地說了一句：「抱完之後，你就再也不能離開我了哦！」

女生矜持又羞澀地說了一句「嗯」，默認了這段關係的復合。

基於這個真實的案例，我們能夠總結出一點：

復合成功的前提一定是你能有相應的改變和提升，能夠滿足前任的情感需求，對方才有理由、有勇氣說服自己回頭。

分手後，該如何利用斷聯挽回

事實上，「斷聯」就是個「心理戰」，也就是「情緒控制」，或者說是「情緒表達的控制狀態」。

分手後，被分手的一方非常容易產生情緒波動，因感情用事而做出一些過激行為，而這些行為，無疑會讓對方對你產生更負面的印象，增加挽回的難度。

一般情況下，情侶只要是分手，無論之前愛或不愛，此時或多或少都會存在一些「負面印象」。

既然有負面印象，那麼在真性分手的情況下，就最好做到「斷聯」，以便調整自己的心態，並給對方一些時間來反省這段感情。

但必須注意的是，並不是每一段感情結束之後都需要斷聯。至於是否需要斷聯，斷聯的時間和形式等，都需要結合具體情況進行判定，切不可隨意套用別人的方式。

舉例來說：兩個人因為誤會而賭氣分手，都在等對方給自己臺階下。明明一直相愛，但是誰都不肯主動與對方聯絡，最後就這樣錯失時機。

像這種情況的分手，斷聯的時間就不宜太長，一個星期左右足矣。

如果實在放不下面子去聯絡對方，哪怕是在貼文按個讚，也比什麼都不做要好。因為「按讚」屬於一種「軟性聯繫」，因為你們之間沒有真正意義上的「互動」，沒有真正的對話或碰觸。而這種「軟性聯繫」的行為，恰恰可以向對方傳達一種友善的態度，也讓彼此的心態發生一些改變。

原本關係親密的情侶，面對突然發生的斷聯可能會感到不適應，這就需要從行為和心理兩個方面去調整。

① 行為方面

對於在情緒方面難以自我控制的人來說，總會忍不住去想念對方，主動聯絡對方。見不到面還好，一見面就徹底崩潰，抱著對方不想放手。

這種做法非常容易讓對方加深對你的負面印象，會大大增加後期的挽回工作的難度。

142

要想避免這種情況發生，就必須在行為上徹底斷聯，時間大概在一到兩週。在這個時期內，不要刪除對方的任何一種聯絡方式，但是要做到不發訊息，不打電話，不按讚，也沒有採用其他任何方式間接地聯絡對方。

具體可以這樣做。

第一，建立斷聯的階段性目標。

比如，先嘗試一個小時不聯絡，做到以後，將時間增加到一天、兩天、三天……以此類推。

每達成一個「小目標」，就適當給自己一些物質上或者精神上的獎勵。

第二，只要想到對方，就把你當下的所思所想記錄下來。

用寫的方式是比較好的。因為找朋友傾訴的話，很難每時每刻都有朋友可以聽你訴說自己的情感故事。而透過記錄的方法，不僅可以抒發自己的情緒，而且寫完以後，可能就沒有那麼想發訊息給對方了。

② 心理方面

用「自我暗示法」，讓自己認清已經與前任分手的事實，而復合是開啟兩個人之間新的關係。現在這樣負面情緒「爆棚」的自己，對方是不會喜歡的；只有自己內心自信、外在形象好、性格有魅力，才更容易再次吸引對方。

透過這種心理暗示，可以給自己多一點希望，而希望可以帶給人力量，讓你忍住不與對方聯絡，這樣反而會讓後期的挽回工作更容易開展。

分手多年，怎麼挽回才不尷尬

曾經有一些諮詢者跟我說，與前任分手已經兩三年了，這段時間自己也嘗試了和其他人交往，但是兜兜轉轉還是覺得前任是最適合自己的。想要挽回，卻擔心突然表白會被拒絕。

1 挽回的阻礙

分手多年以後再去挽回前任，其難度是比較大的，實際障礙主要有以下三種。

（1）對方已經在心理上接受了分手的事實

從心理學角度講，悲傷的過程通常分為五個階段。

- ♥ 第一階段：否認、失落（denial）。
- ♥ 第二階段：憤怒（anger）。
- ♥ 第三階段：協商、迷茫（bargaining）。
- ♥ 第四階段：絕望、消極（depression）。
- ♥ 第五階段：接受（acceptance）。

也就是說，對方可能一開始還不願意接受分手這件事，甚至過了一小段時間還會主動來找你復合。但是經過比較長

的一段時間之後，對方逐漸接受了分手的事實。

這個時候，在對方的認知裡你已經變成了一個陌生人，你和對方的生活已經不再有連繫，對方的內心也不會因為你的出現而泛起任何漣漪。

我們在挽回當中，最怕的就是這樣的情況。哪怕對方看到你就氣得暴跳如雷都比這種情況好。因為只要對方有情緒波動，就說明心裡還有你。但是如果對方對你感到無所謂，已經接受分手這個事實，就很難處理了。

(2) 對方已經在生活上擦掉了你的印記

能讓前任有動力復合的，往往是生活當中的「不習慣」。當前任找不到人說話，找不到人陪伴的時候，才會想著與你復合。

剛剛分手的時候，這種「不習慣」的感覺會非常強烈，但是隨著時間的推移，對方已經漸漸適應了沒有你的生活，甚至一個人活得有滋有味。

這個時候，前任對你沒有任何需求，所以挽回的難度會特別大。

(3) 自身的心態與行為

按照常理來說，經過了分手之後的這段時間，既然對方已經漸漸接受了沒有你的生活，那麼你多半也應該適應這樣的狀態。

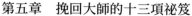

但是你到現在還沒有走出來，說明你對這段感情抱有很深的執念，有可能做出不適當的行為。比如因情緒失控而不斷騷擾對方，或因為過於思念對方而企圖加速復合進程等等。

這都將成為你挽回前任的巨大阻礙。

② 破除阻礙的方法

要想破除上面提到的三個阻礙，可以採取以下幾種方法。

（1）請求第三方介入

請求第三方介入，也就是要找一個能夠在對方面前幫你說話的人。最合適的人選是雙方共同的朋友。

第三方能夠幫助前任重新理清對於你的記憶，讓前任回想起關於你們兩個人的過往。

第三方要做的事情並不多，只需要旁敲側擊地提醒對方：「我今天碰到 ××× 了，好久沒見他了，他好像改變了不少呢！」

然後在平時的交往中，也有意無意地向對方提起：「××× 好像最近發展得不錯，我感覺他整個人和過去比強多了……」

這樣的方式，能夠在不動聲色的情況下引導前任對你進行關注，勾起前任對你的記憶。

這就可以了，第三方只不過是個引子，能夠幫助你引起對方關於你的記憶。

(2) 循序漸進地接觸對方，引發「多看效應」

在第三方幫助你鋪墊兩三次之後，你就可以開始重新聯繫前任了，在這之前你沒必要登場。

聯繫前任的時候，我們遵循的原則是：先刷「存在感」，然後培養感情。

可以遵循這樣的聯絡頻率：剛開始每週一次，過一段時間之後保持每週三次，最後才發展成頻繁的聯絡。

透過這樣的聯繫，不是為了直接挽回對方，而是為了逐漸恢復前任與你的聯絡，喚醒前任對你的記憶，找回當初悸動的感覺。

對於聊天話題的選擇，建議按照這樣的步驟去推進：關注對方的生活 —— 談自己的變化 —— 相互分享彼此的生活。

在這個過程當中，可以嘗試著去邀約對方。不要指望一次邀約就能夠讓對方答應與你復合，我們的目的是讓對方直觀地看到你的變化，重新被你吸引。

邀約的方式很簡單，在你們恢復聯絡一個月之後，和對方說：「好久沒見了，正好我最近要去你附近辦點事，方便出來見個面、聊聊天嗎？」

邀請對方出來的時候，一定要注意分寸。因為這個時候對方更多的是在觀察你，有可能擔心會被你糾纏。

（3）破鏡重圓的臨門一腳

當對方願意和你出來三次以上的時候，你就應該展開下一步行動了。

當然，這個時候最好先問對方一句：「你最近有開始新的感情嗎？」或者可以問得委婉一些：「最近沒有和男朋友一起出去玩嗎？」

這種預設對方有男朋友的話術，能夠很容易讓她說出自己的實際情況，因為沒有另一半的人，本能的反應就是：「我哪來的另一半？」

我的建議是，約會超過三次之後，你可以再邀約對方一次，比如一起吃晚餐，並在晚餐之後帶著對方去看一場電影或者去一趟酒吧！與你約會三次以上的人，往往不會拒絕這樣的邀約。

然後，在感性催化的基礎上，和對方說以下這段話：

「相信你也能感覺到，分手之後我反省了很多，也改進了很多。我之前一直沒有來找你，是因為我沒有勇氣。但我還是放不下你，還是忍不住和你聯絡，因為我過去做的很多事情現在想起來還心懷愧疚。我已經改變了很多。每當我想起自己本可以做得很好，但是卻錯過你的時候，我都十分傷心和難過。再給我一次機會吧！這次，我絕對不會搞砸的。」

基本上，你已經十拿九穩了。

你知道為什麼嗎？因為這段話中有以下幾個隱藏的要素：

1. 對過往感情的反省和改進，並且對方已經在相處中明顯感受到了你與以往的不同。
2. 對對方的思念和專一。
3. 利用蔡加尼克效應，引起對方遺憾和惋惜的情緒。

在這樣的情緒催化下，對方基本上都會答應你的挽回。

因此，分手一年之後，依舊是可以挽回的，只不過切記四個大字：循序漸進。

挽回時，你一定要先勾起對方的回憶，讓對方看到你的改變，這樣才有勝算。

挽回並不是為了破鏡重圓，而是為了讓一個更好的你出現在對方的眼前，你們重新談一次戀愛。

挽回成功必須經歷的四個策略階段

挽回中最重要的是什麼？

是時機。

分過手的人一定很有感觸：即使你後來再後悔，也一定會有一段時間十分感慨自己重獲自由了，巴不得前任離你越遠越好；但是也會有一段時間十分思念對方，恨不得只要對方打一個電話，你們就能重歸於好。

每個人在分手之後都會經歷幾個情感階段，每個階段的特點和內心想法各有不同，挽回的難度也不同。

接下來，我們就解析一下分手後的各個情感階段。

1 情緒振盪階段（分手一週）

> 【情緒敏感度】★★★★★
> 【挽　回　難　度】★★★☆☆
> 【階段關鍵字】大起大落，不確定性高，情緒激動

不管分手之後是痛哭流涕，還是大喜過望，甚至是怒髮衝冠，我們每個人剛分手的時候情緒都是十分激動的。

在這個時候，我們往往摸不透對方的真正意思，因此一般不建議在這個階段挽回對方。

因為不管是有利於還是不利於挽回的情緒，對以後感情的進展都絕對不是好事。

如果對方十分渴望你回來，越渴望，你回來以後就越會對你患得患失，敏感多疑；如果對方十分討厭你，現在去挽回就會大幅度削減對方對你的好感度，讓本來就沒多少的好感度降到負數，甚至徹底拒絕與你來往。

因此，在這個階段，我們只需要做到一件事：保證和對方還有交集，但不要做太多的事情引起對方的關注。

我建議所有分手的情侶，如果你心裡還有一絲的捨不得，一定要在這個時候說明，兩個人畢竟相愛一場，不要搞

得老死不相往來，保留一個最基本的聯絡方式，保證不互相打擾。

如果你是主動提出分手的一方，那麼透過這種方式可以爭取到以後反悔的機會；如果你是被動分手的一方，此時對方心裡會對你存有一些愧疚感，因此一般不會拒絕與你保持聯絡。

② 極度不適階段（分手一個月）

【情緒敏感度】☆☆☆☆☆
【挽回難度】☆
【階段關鍵字】習慣，不適感，強烈思念

這是我們挽回成功率最高的一個階段。很多諮詢者請我幫忙挽回前任，一般也是在這個時候。

這是為什麼呢？

因為在分手後的一個月左右，人們對於孤獨寂寞的忍耐力往往達到了極限，對前任的思念也會達到一個前所未有的強度。

過去要吃飯、要看電影的時候，都有人陪著；現在本能地拿起手機卻不知道應該打給誰。

以前想說什麼隨時都有人聽，現在感覺自己有了情緒卻無處傾訴。

這樣的苦惱和不習慣會帶來強烈的思念，讓彼此開始懷

念起對方的好。

　　這個時候，身為主動挽回的一方，應該想辦法進入對方的生活。

　　之前的那段時間，必須按兵不動，保持基本的存在感，最多在貼文按個讚；但是現在不一樣了，應該去聯絡對方。

　　可以按照這樣的步驟去和對方重新建立聯絡：

　　關心近況（至少兩次）── 和對方開啟關於你的話題（至少兩次）── 嘗試以朋友的身分邀請對方出來玩。

　　一開始你可能只是問對方「感覺你最近工作很忙啊！」或者「我看你動態，最近打算考在職研究所嗎？」之類的問題，先試探著與對方開啟聊天。

　　這樣聊過兩次以後，可以往更深的話題聊：「我今天剛剛經過一家特別好吃的餐廳，你可以去嘗嘗。」或者說：「我最近養了一隻很可愛的小貓，給你看看。」

　　在這一階段，我們就是要利用前任對孤獨寂寞的不適感，讓對方重新找回有人可以交流、有人惦念、有人陪伴的感覺，培養對方與你聯絡的習慣。然後讓對方逐漸增加對你的好感度和好奇心，直到對方願意出來與你約會見面。

❸ 理性冷靜階段（分手一個月到三個月）

【情緒敏感度】☆☆☆
【挽回難度】☆☆☆
【階段關鍵字】理智，冷靜

理智、冷靜並不是一件壞事，這最起碼意味著對方已經能夠理性地看待你們之間的關係，可以正視這段已經結束的感情。

如果你們當初分手是因為兩人不成熟或者鬧脾氣，現在雙方冷靜下來，認真地談一談，對自己之前在感情中犯的錯誤做出檢討，成功率會比較高。

如果你們當初分手是客觀原因導致的，比如遠距離戀愛、家庭條件差異、父母反對等，那麼就需要切實解決導致你們分手的問題，給出解決方案，比如何時結束遠距離相處，如何說服父母等等。

記住：在這一階段，對方的狀態是理性的，因此你也要保持理性。

如果你在這個時候還玩感性，還動不動帶著哭腔騷擾對方說「我忘不了你，求求你給我一個機會」，則會引起對方反感。

4 情感涅槃階段（分手一年以上）

> 【情緒敏感度】☆
> 【挽回難度】☆☆☆☆☆
> 【階段關鍵字】十分困難，無需求

在這個階段，前任基本上已經走出了失戀的陰影，甚至已經開始了新的感情，這個時候挽回的難度是相當大的，因為對方已經不需要你了。

這個階段能挽回成功嗎？能，但是由於情況十分複雜，一定要實際問題具體分析，一對一地徹底解剖，因此沒有辦法給出一個普適的攻略。

後面我會附上一些關鍵階段你們可能會用到的表達方式，讓你們更加容易地與對方溝通。

前任不回你的訊息，該怎麼挽回

前任不回覆訊息的情況，很多人都曾經遇到過。其中大部分人在這個時候都會採用一個特別錯誤的做法，就是抱著「感動天，感動地，爭取感動一下你」的思路，跟打卡上下班一樣，每天定時給對方發訊息。

這樣的思路是完全錯誤的，再這樣下去，估計馬上就有被封鎖的風險了。

當我們遇到這種情況的時候，應該好好想想，在過往的感情當中，自己究竟做錯了什麼。

先說結論：很有可能你從一開始就做錯了。

正常情況下，畢竟曾經交往過，畢竟相愛過，怎麼可能說不聯絡就再也不聯絡呢？現實中，前任不聯絡你，往往事出有因。

① 發什麼樣的訊息難以收到前任的回覆

分手之後重新聯絡前任這種情況是十分常見的，但是最終結果，有的人歡歡喜喜地與前任復合，有的人不知所措地被前任封鎖。

讓前任選擇不回覆訊息甚至做出封鎖行為的，往往是以下兩種類型。

（1）單方面否認分手的現實

有的人明明已經被分手了，但是他們堅持著「只要我不承認，對方就還有可能回頭」的信念，一舉一動根本就不像是一個分手之後的人。

比如：他們還是會繼續用簡訊、電話狂轟濫炸對方，還是會對對方進行無微不至的關心，還是像過去一樣每日問候早安晚安。

這樣的行為，只會讓前任更加想要切斷和你的聯繫，因為前任並不是不能接受你聯繫他，而是無法接受你這種我行我素的做事風格。

分手不需要兩個人都同意，只要一方提出要求，這個關

係就可以解除。

（2）情緒化的表達

這樣的情況一般可以分成兩種：一種是表示自己離不開對方，一種是憤怒地對前任進行攻擊。

「沒有你我活不下去，我都不知道怎麼和身邊的朋友說，感覺你不在我身邊的時候什麼都沒有了意義。」—— 你們之前在一起的時候，對方都已經覺得你不夠好，要把你甩掉了，難不成你現在賣慘，能得到更好的結果嗎？

「你就是個感情騙子！你從一開始就沒想和我好好在一起，你就是在玩弄別人的感情，你去死吧！」—— 其實你之所以這麼憤怒，說明你是在乎對方的，這又何苦呢？當你像一個情緒失控的瘋子的時候，沒有人敢靠近你，你的下場就是被迅速封鎖。

② 前任不回覆訊息的正確破局方式

如果你發出訊息，對方卻不回覆你，你就不要繼續狂轟濫炸了。因為既然對方不想回覆你，你發再多訊息也沒有用。

你現在最需要做的，是改變你在對方心中的印象，從根本入手，等對方對你印象好轉了，再去創造聊天的機會。

（1）重新建設社交形象

對於一個不願與你聯絡的前任，要想讓對方改變對你印象，最好的方式就是從貼文入手，在貼文中建立一個美好的、積極的新形象。

不要擔心對方是否隱藏了你的貼文。根據我多年從事情感諮詢行業的經驗，即使分手以後對方隱藏了你的貼文，也會時常悄悄去你的主頁查看你的動態。

因此，你依然有機會讓對方看到你的新形象，透過二次吸引，讓對方對你的態度有所轉變。

在社交平臺重新建設自己的形象，必須傳遞這樣一個資訊：「分手以後，我開始了新的生活，不再是以前那個沒有你就活不下去的人了。」

不管是新的愛好、新的成績，還是積極的生活態度，都可以展示出來，給對方釋放一個這樣的信號。

相信我，相較於那個分手後慘兮兮的人，對方更願意去找一個獨立的、開朗的、生活多姿多彩的人。

(2) 冷處理一段時間再重新聯絡對方

冷處理的時間，至少要在一個月左右。因為只有時間足夠長，才能沖淡對方對你的負面印象，並讓對方透過你在社交平臺發布的動態，看到你的轉變。

曾經有一個學員，對前男友死纏爛打了很長時間，被我強制要求冷處理了兩個月，然後我給她編輯了這樣一段話，

讓她發給她的前男友：

「實在不好意思，打擾你了。我剛分手的那段時間情緒十分不穩定，給你的生活造成了很大的困擾，我為我的行為道歉。在過去的感情當中，我也很多次表現得十分孩子氣，不成熟，經常用『作』的方式來引起你的注意。我現在認真檢討了自己，對於給你帶來的這麼多的負面影響，我深感抱歉。我已經開始努力改變我自己了，換了新的生活環境。我並不奢求你的原諒，只是想對你說，如果以後大家還能正常相處，甚至做朋友，有需要的地方我一定盡力。」

這段話傳遞了三個資訊：

1. 對此前的不適當行為誠摯道歉。
2. 對過往的戀情認真反省。
3. 告訴對方，自己已經開始了新的生活。

當對方接收到你傳遞的訊息，再加上這段時間透過社交平臺看到你的變化，態度往往會有所緩和。就像我那個學員，破天荒地收到了一年來前任發來的第一條訊息：「沒事的，我過去也有做的不好的地方，大家以後都好好生活吧！加油。」

3 找前任聊天的正確方式

（1）選擇適當的聊天時機

我們一般建議在分手半個月或者一個月左右的時候與對方恢復聯繫，因為這個時候對方一般還沒有完全接受分手這件事，會出現很多不適應單身生活的狀況。

這個時候，對方對你是有需求的，只要你別表現得太奇怪，對方多半不會反感和你說幾句話。

（2）選擇合適的話題

對於聊天話題的選擇，我建議循序漸進，適當引導對方回憶兩人曾經的戀愛時光。

比如：

「我剛剛路過那個會展中心，發現今年又要開漫展了，好像還有不少網紅要來，你今年還會看漫展嗎？」

「我記得之前我們一起去吃過一家特別好吃的日料，就在一個火車站旁邊，你還記得叫什麼嗎？」

「剛剛我路過學校，發現電腦二級又開始考試了，你今年報名了嗎？」

要像上面那樣，先說事情，然後詢問對方現在的生活，聊得好了，再開始分享自己的近況。

（3）掌握聊天的頻率

對於聊天的頻率，建議採用「間歇性強化」。

我們常見的聊天方式是：嘗試聊天 —— 對方回應好 —— 持續聊天。

但是這樣的方式讓對方有了預期，對你沒有情緒波動。

最好的方式是間歇性強化，隔三差五聊一聊，今天聊兩句，明天聊五句，後天聊半小時，但是大後天可能不聯絡⋯⋯

這樣的聊天方式，對方可能猜不透你到底有沒有興趣，反而會對你更加關注。

以上，就是有效應對前任不回覆訊息的方式。

還是那句話：畢竟曾經交往過，怎麼會說不喜歡就不喜歡，說不聊就再也不說話呢？

出現這個情況，一定是你自己做錯了什麼，好好反省改進，一切還來得及。

挽回對方時該不該送禮物

在眾多的挽回案例中，我幾乎什麼樣的情況都見識過。當然也包括一種人，那就是不缺錢的「土豪」們。

最誇張的是，曾經有一位男生，為了挽回自己的前女友，居然在前女友的公司附近買了一間套房送給對方。

　　雖然下了這麼重的血本，但是他的前女友並沒有同意與他復合，甚至警告他，要是再騷擾自己，就要徹底封鎖他。

　　在挽回對方時，我們究竟要不要給對方送禮物呢？我們在前任身上花錢究竟能不能造成我們想要的效果呢？

　　我的回答是：不到基本確定可以挽回對方的時候，不到只差一步就可以復合的時候，絕對不要送禮物。

　　很多人可能會有這樣的想法：我給前任送禮物，是為了增加好感度；送禮物是一種展現誠意的方式；前任總是說我對其不關心，送禮物不就是做出了實際行動嗎？

　　雖然你是一片好心，但遺憾的是，你如果真的這麼做了，會鑄成大錯：如果你認為在挽回前任時，必須靠送禮物來增進感情，往小了說，是不懂挽回，往大了說，是不懂人心。

　　你可能到現在都沒有真正理解，我們在挽回過程中的所作所為，作用到底是什麼。

　　我們在挽回當中，一切舉動的最終目的，都是實現這樣一句話：增加對方對挽回的正面情緒，消解對方在挽回過程中出現的不利於挽回的負面情緒。

　　我們改變形象，提升自己，展示自己改變之後的價值，就是為了能夠提升自己的吸引力，引發對方對我們的好奇心：這個人怎麼改變了這麼多？對方發生了什麼？

　　我們挽回的時候，往往會先冷處理一個星期，等到對方情緒穩定後再去挽回。

這是因為，我們要等到對方真正平靜下來，意識到自己不習慣一個人過日子的時候，我們再出現，這樣才有意義。

　　我們會在挽回當中有意無意地說一些過去相處的細節，分享一些過去在一起經常聽的歌，去過的地方 —— 我們利用這些「心錨」，就是為了讓前任更多地想起我們，懷念我們的過往。

　　也就是說，我們之前常見的一些挽回方式，都是讓對方產生一些情緒，而這些情緒恰恰能夠推動前任靠近你，並漸漸地接受你。

　　而你只要送了禮物，前任對你的負面情緒就會開始滋生。此時對方心中產生的情緒，沒有一個是有利於你挽回的。

　　為什麼送個禮物，還能送出錯來呢？

　　我們來看看，當對方收到禮物的時候，最可能產生的想法有哪些。

- ♥ 也許對方會有負罪感，認為：我還不知道能不能和他重修舊好，現在收禮物，會不會給他不該有的希望？

- ♥ 或是感到內疚：分手之後，他還是想著我，和我在一起的時候為什麼不好好珍惜？也許覺得你沒誠意：什麼意思？你曾經對我做過的事情，用幾個禮物就想擺平？

- ♥ 甚至覺得你道德綁架：我是不會收這個禮物的，你的意思不就是「收了禮物就代表原諒」嗎？

💜 你可能會覺得：我的天哪，這個人怎麼這麼多內心戲，
我只是送個禮物，想打破僵局而已。

的確，如果你平時送禮物，對方這麼想的確很過分。但
是你要知道，此一時彼一時，分手之後，對於「前任主動找
自己」這件事，所有人都是敏感多疑的，所以對方心中絕對
會有戒備。

而分手之後，很多人追求的都是一個「互不虧欠，互不
打擾」的相處模式，你的這個禮物一出手，直接就破壞了對
方心中所想的相處模式，對方要麼會直接拒絕，要麼會滿腹
疑慮地收下。

禮物這種東西，對於關係親密的人來說，是一個心意；
而對於外人來說，就是一個人情。

很不幸，你們現在對於彼此都是「外人」，而你的前任最
不想欠的，就是你的人情。

所以就像我說的，除非已經十拿九穩，你們復合就差一
句話、一場約會的時候，你都不該去送禮物。

挽回當中，對方真正的需求其實只有三個：

💜 你變得更好、更優秀了，值得對方重新和你在一起；
💜 你真的意識到了自己的錯誤，並且做出了積極的改變；
💜 你們在一起不會重蹈覆轍。

這三個核心訴求，沒有一個是靠送禮物做到的。

你變得更好、更優秀，在網路社群必須頻繁地刷存在感，讓你的前任逐漸看到你的改變和提升。只有這樣，對方才會願意考慮與你復合。

在重新交流的過程中，對方看到了你確實針對你們之前交往中存在的問題進行了認真的反省，變得成熟，才會覺得你是真的用心了，而不是在敷衍。

過去導致你們分手的客觀問題被解決了，你在和對方相處的時候帶給其不一樣的體驗。現在，對方是在和一個全新的你交往，並且相信你們在一起不會重蹈覆轍。

這些事情需要你去經營，比如：經常在網路社群展示你的動態，循序漸進地影響對方；在與對方接觸的過程中不斷地展現自己，這不是靠一個禮物能解決的。

所以，在挽回的時候，你不僅沒有必要送禮物，甚至千萬送不得禮物 —— 因為這個表達善意的舉動，可能會使你之前的努力付之東流。

父母反對的感情如何挽回

挽回之所以是一個複雜的工程，是因為在挽回的過程中我們要處理與前任相關的各種關係。在這眾多的關係當中，自然包括一個超高難度的關卡 —— 家長。

縱使對方與你的感情再好，只要對方的家長開口說了「不」，對方恐怕也會開始猶豫。

下面介紹的這套方法可用於挽回家長反對的感情。按照這樣的方法去做，我們基本上能夠戰勝攔在我們感情路上的「家長大魔王」。

本節包含三個模組，下面我們逐一進行講解。

1 釐清家長反對的原因

一般情況下，家長的反對分為兩種：一種是透過具體條件得出反對的結果，一種是拿著反對的結果去找條件。

什麼意思呢？

就好像你去面試的時候，面試官是否拒絕你，很多情況下會受到主觀因素的影響 —— 你面試的時候表現不好固然是一個方面，還有一種情況是面試官一開始就決定不錄用你，然後開始給你「找碴」。

這樣的情況有很多，比如有的企業一開始就不想招女生，因此面對女性面試者的時候，面試官往往會用故意挑毛病，然而挑出來的都不是明顯的問題 —— 本來英檢要求中等程度，但是對你的要求就是多益金色證書；本來對學習成績沒有什麼要求，但是對你就要求連續四年拿系上前三名……

同樣，家長反對你們交往也可能是這樣。你可能一開始留給他們的印象就不好，所以他們就先在心中給你投了否定票，然後便在其他方面慢慢找碴；或者他們拒絕你有別的原因，但是他們不方便說出口，只能拋出一些看似冠冕堂皇的理由。

我有一位朋友，與前任的戀情因為對方父母的反對「無疾而終」，原因是：我的朋友具有頂尖大學的碩士學歷，但是對方父母希望找一個同校的碩士做女婿。

　　兩人分手後，沒多久前任就嫁給了一個只有大學畢業的男生，仔細詢問才得知，原來前任的父母是做生意的，他們早就看中了一個合作對象的兒子，想要實現商業聯姻。而所謂的「頂尖大學的碩士」只不過是一個藉口。如果我的朋友真的是「頂尖大學的碩士」，那麼他們拒絕的理由可能就會變成「頂尖大學的博士」。

　　應該如何探尋對方父母反對你們交往的真正原因呢？

　　這就需要拜託你的另一半，再單獨和父母聊一次，不要吵架，不要為你辯護，真誠地聊聊父母拒絕你的理由是什麼。

　　知道了對方父母反對的真正原因，再制定挽回計畫。

② 釐清另一半配合的意願

　　在這種情況下，最重要的是看你的另一半是否願意全力配合。如果他願意全力配合，那麼你的挽回工作就會進展得特別快。

　　我們所說的「另一半配合」，並不是要他去跟父母據理力爭，甚至因為你和父母吵架、對抗，這樣做只會適得其反。因為這樣做會讓對方的父母認為是你在一旁煽風點火，對你更加反感，進而堅定拆散你們的決心。

　　正確的配合應該是，讓家長覺得，在自家孩子選擇未來伴侶這件事上，你是一個最優選項。

　　而且在這個時候，適當地配合家長做一些讓步並不是不可以，不斷跟家長唱反調，只會遭到更強烈的打擊和反對。

　　如果對方家長不中意你，那麼完全可以適當地順著他們的意思，讓你的伴侶去見幾個相親對象，或者減少和你見面的頻率。

　　我之前幫助一個女生挽回的時候，她的男朋友就幫了大忙。

　　她的男朋友假裝聽話地去見了三個相親對象，回家之後有理有據地說出了她們與自己不合適的地方，而且隻字不提前任女友。父母一看，相親對象與自家孩子的確不適合，而不是孩子無端拒絕，這件事就擱置了，也沒有再逼著男生找新對象。

　　讓對方的父母改變對你的印象，這一過程可能比較漫長，這件事情如果得不到你的另一半的全力配合，你以一己之力對抗他們整個家庭，會十分困難。

③ 實際的挽回對策

　　在這裡，我介紹幾個特別好用的方法，都是從以往成功案例中總結出的經驗。按照這樣的方法去補救，對方家長90%都會對你的態度有所改變。

（1）包裝你的背景

一般情況下，對方家長評估你和他們的孩子是否合適，說穿了離不開一件事 —— 你對他們的孩子是否「有用」。

有的人非常實在，一談到自己的家庭，就說是普通家庭；一說到自己，就說沒什麼獨特的⋯⋯

要記住，對方的家長就相當於找工作時的面試官，你們不可以撒謊，但是能美化自己的方面一定要美化。

比如你雖然學歷不高，但是可以美化成「正在備考研究所的在職考生」；你可能只是一個普通企業職員，但是可以美化成「百大企業儲備幹部」；你的家庭可能很普通，但是誰家沒有幾個有頭有臉的親戚，完全可以美化成「某董事長的侄子」或者「某總經理的外甥女」⋯⋯

這些資訊，都要靠你的另一半傳遞給家人，讓對方父母對你的印象有所改變。

包裝是什麼？包裝就是「有選擇地說真話」。

你當初是怎麼面試的，現在就怎麼包裝自己的背景。

（2）將對方的良好改變歸功於你

還是那句話，對方的家長找一個女婿或者兒媳婦，肯定是希望這個人能對自己的孩子有用，能夠照顧好自己的孩子。

這個時候，就需要你的另一半出面來幫助你做好展示

了。最好的方式就是：讓你的另一半展示出一些積極的變化，然後歸因到你的身上。

比如曾經抽菸的兒子突然不抽菸了，一問是你幫他戒的；比如曾經是「月光族」的女孩現在突然會理財了，一問是你幫助她規劃的；比如曾經在家當啃老族的兒子突然開始對父母噓寒問暖了，一問是你調教的……

對方父母的反應肯定是：哎喲，沒看出來啊！我們多少年都沒治好的這個傢伙，在你的督促下越來越像樣了。

你說對方的父母會不會對你的印象有所好轉？

肯定會。因為誰都希望自己的孩子好，甚至希望有個人能夠「收拾得了」自己的孩子，讓自己的孩子成熟一點，懂事一點。

（3）利用鏡像投射

沒有人會拒絕一個「年輕的自己」，因為幾乎所有人都會對象自己的人有好感。

而且這件事情在媽媽們的身上表現得更加明顯，幾乎每一個媽媽都會拿兒媳婦和年輕時的自己做比較，口頭禪就是：「我年輕的時候啊！比她好太多了，現在的小女生啊……」

所以，如果你是男生，就模仿女朋友的父親；如果你是女生，可以模仿男朋友的母親。

不管是穿衣風格，還是說話的神態語氣，抑或是對於一些問題的處理方式。這些事情都需要你的另一半幫你調查清楚，然後你去模仿。

　　之前我幫助一個學員挽回的時候，他女朋友的爸爸原本十分反對他們在一起，但是第二次見面之後，喝了點酒，就開始拉著他的手說，這個小子簡直就是年輕時的自己。

　　「挺好的，挺好的。」

　　「哎呀！挺合適的，慢慢來嘛！你就和我當初一樣，你看我現在不是要什麼有什麼？都會有的！」

　　應對家長反對的戀情，最重要的就是先釐清對方反對的真實原因，拉攏到可靠的「隊友」，最後一步步地逆轉對方家庭對你的態度。

　　不要不好意思，該用套路就用套路。守護自己的感情，該有的手腕必須有。

如何挽回已經有新歡的前任

　　之前有一個諮詢者和我說，她想挽回已經開始了新戀情的前男友。

　　我剛剛聽到這個需求的時候，是想直接拒絕的。因為在我看來，這其實就是在破壞別人的感情，是在「扯後腿」。

　　但是她接下來說的一句話讓我止住了這個想法：「我們分

手一個月左右，他就『脫單』了，我看到他發的動態，我的心裡十分難過。」

當我們看到類似問題的時候，的確在第一時間都會想：破壞別人的感情不好。可是我們有沒有想過，或許對方新戀情建立的基礎是不健康的；或許對方其實一直都放不下我們，等著我們去挽回。

為什麼前任明明已經開始了新戀情，卻還會想著讓你去挽回對方？

接下來，我就告訴你答案。

這個問題我們要詳細說一下，其中最關鍵的問題就在於：你的前任是花了多長時間找到新歡的。

有人可能會問：「時間很重要嗎？」

是的，非常重要。

如果是在分手半個月之內開始新戀情，那麼很大機率上是「小三」上位，這種情況下挽回的成功率是最低的。

如果是在分手一個月左右開始新戀情，那麼大多是因為前任想要走出失戀的陰影，尋找一個替代品，這種情況下挽回的成功率比較高。

如果是在分手兩個月以上開始新戀情，那麼基本可以判定對方是在認真地開始一段新的戀愛關係，這種情況下挽回的成功率會是比較低的。

當然，這只是一個大方向上的概括，未必每個人的情況

都符合這些時段的劃分，只當作參考就可以。

　　分手後，對方開始的新戀情屬於哪一種，直接關係到你是否有必要挽回，選擇什麼樣的挽回方式，以及挽回的成功率有多大。

　　我們在前面的章節中講過，分手之後無縫接軌的人，往往在分手之前就已經和別人暗度陳倉。這樣的人不值得你去挽回，你也根本挽回不了。

　　說完了機率最低的情況，那麼接下來我們再說機率比較低的情況：前任在分手兩個月之後走出這段感情，然後找了下一任。這個情況其實都不算挽回了，而是屬於你去撬別人的男朋友。

　　很多人一說到挽回前任，想到的都是「我和前任有感情基礎」。

　　話雖然沒錯，但是你和前任之間的情感交流顯然是失敗的。前任對你有感情，但是你確定是好感而不是反感嗎？

　　而且我們再細想一件事：如果前任與你是初戀，那麼情況還算簡單；如果你的前任不是初戀，那麼會不會你們復合之後，他的前前女友來找他，他也有可能與前前女友復合？他能背叛新女友，與你復合；難道就不會背叛你，與他的前前女友復合？

　　所以說，這兩個問題的答案是：第一，你們之間有感情，但是這個感情未必有利於你去挽回；第二，前任不值得你去

挽回，因為你挽回的是一個感情上的叛徒。

那麼，在什麼情況下，已經有新歡的前任才是值得我們挽回的呢？

答案是：前任在與你分手一個月左右的時候，開始了新戀情。

我在工作中遇到過不少這樣的人：他們分手之後忘不掉前任，於是快速地讓自己進入下一段感情，試圖透過新歡來忘記舊愛。

新歡的作用只有一個，就是不停地證明舊愛有多麼難忘。

只要對方和現任相處的過程中出現一點不開心的、不如意的事情，就會忍不住懷念起前任。

所以，在這種情況下，我們可以挽回有新歡的前任。

此時，你要做的事情其實很簡單，三步足矣。

第一，不主動聯絡前任，但是持續保持存在感。

第二，展示自己積極的變化，暗示過往的問題已經得到了解決。

第三，在前任主動聯絡你的時候，向前任展示你對未來的規畫。

比如，你不主動聯絡前任，但是你在網路社群中展示出自己積極的變化：最近在積極地學習、健身，最近工作上取得了不小的成績，自己在努力存錢理財等等。

這樣的動態，不需要發布太多，但是必須持續更新，潛移默化地告訴前任 —— 我和過去不一樣了。

這個時候，前任本來就放不下你，看到你的改變之後，會更加覺得你有吸引力。然後再看看自己的現任，越看越覺得不如你好。

這個時候，前任自然會來接觸你，不管是放不下過去的感情，還是對你的改變感到好奇。而在這個時候，你就要讓對方徹底放下最後的顧慮：我和你復合之後，你會不會重蹈覆轍？

你要做的就是，基於你的改變，告訴對方：我是不會重蹈覆轍的，我會做得更好。你看，原來我有那麼多的問題，我都意識到了，而且我都做出了積極的改變和調整，我和過去不一樣了。

在這樣的對比之下，前任自然會忍不住放下對你的防備。本來對方就沒有辦法忘記你，現在你不僅還在等他 /她，而且變得更好了，對方當然會想要與你復合。

所以，前任有新歡是可以挽回的，重點只在於一個問題：當對方有了新歡之後，究竟有沒有放下你這個舊愛。

失戀挽回定製攻略：根據伴侶人格特質制定特殊挽回計畫

　　從心理學角度講，感情當中的人格一般可以分為三種——施與者、接受者、自由者，不同人格適用於不同的挽回方式。

　　我們在挽回前任的時候，需要根據對方的人格屬性，有針對性地採取適當的方式，讓對方在心理上重新接受我們，從而完成挽回計畫。

1 三種人格的不同特性

　　我們先來對這三種人格進行詳細解讀，希望大家不僅能夠了解想挽回對象的人格屬性是怎樣的，也能了解自己屬於什麼樣的人格。

（1）施與者

　　施與者在感情當中，是特別喜歡犧牲和奉獻的。他非常喜歡照顧別人，也特別喜歡那種「被別人需要」的感覺。

　　我舉一個例子：男方是一個「富二代」，家裡十分有錢，而且他自己也做生意，為人十分豪爽。他喜歡上了一個普通人家的女孩，於是，又是給對方送禮物，又是給對方生活費，甚至還為對方介紹工作。

照理來說，這樣的人在感情當中是有絕對控制權的，畢竟對方的一切都是他給的。

但實際上，他在這段關係當中一直都是畏首畏尾的，非常害怕被對方拒絕。而且當那位女生辭去他介紹的工作，跳槽到更大的公司時，他感覺十分受傷，憂鬱了好幾天。

因為施與者在感情中享受的是「被別人需要」的感覺，一旦對方傳遞出不需要他的信號，或者當施與者感覺沒有他的存在，對方也能過得很好時，那麼施與者就會感覺受到傷害。

施與者的座右銘是：讓我來照顧你吧！你需要我。只有照顧你，才能感受到我的存在具有價值。

（2）接受者

接受者是正好反過來的：他們在感情當中，特別需要別人的示好和付出。

相信在戀愛當中，大家見過的接受者並不少。

他們知道自己不對，甚至清楚地知道這樣做會傷害對方的感情，但是他們控制不住自己，必須不停地去檢驗對方喜不喜歡自己，需要對方在感情當中的證明和承諾，如此方能讓自己感到安心。

我的一個朋友就是這樣，她是一個特別看重紀念日的人，大大小小的節日都一定要過，收到的禮物即使是一個髮

夾，也能讓她特別開心。

而且對於收到的禮物，她會特別用心地保存好 —— 對於她來說，必須經常感受到別人的愛，她才會快樂。

接受者往往在成長過程中留下過一些陰影，他們有著很強烈的不安全感，所以特別渴望別人的付出。對於這種人格的人來說，愛他們一定要說出來，做出來。

接受者的座右銘是：你愛我嗎？你真的愛我嗎？做給我看，說給我聽。

(3) 自由者

自由者的感情生活，永遠是無拘無束的。

他們不太想當一個操心的老媽子，不是不關心，也不是不在乎，而是他們根本想不到那個方面去；他們也不會對另一半有什麼要求，因為他們覺得可以自給自足。

自由者是最討厭束縛的人，他們不願意任勞任怨地為別人付出，也不願意接受對方太多的人情。他們找對象的態度非常簡單 —— 你喜歡我，我喜歡你，開開心心地在一起就好了。

自由者懶得去為別人做太多的改變，也不願意接受別人太大的恩情。

自由者的座右銘是：你別改變我，我也不改變你，我們兩個人開開心心地在一起就挺好。

② 三種人格的不同表達方式

我們以遠距離戀愛為例，對於這件事，這三種人格的表達方式就完全不一樣。

施與者會說：「我去你所在的城市照顧你吧！我不能想像我不在你身邊的生活。」

接受者會說：「我希望你來我所在的城市，這樣我才能感覺到安心。」

自由者會說：「如果我真的不想去你那裡，而你來我這裡也有困難，那我們分手好了。」

讀到這裡，想必你也知道哪兩種人適合在一起，哪兩種人在一起是個災難了。

施與者和接受者最適合在一起，自由者最適合和自由者在一起。

無論是施與者還是接受者，和自由者在一起的時候，都會出現很大的矛盾。

- ♥ 施與者會覺得自由者不需要自己，感覺不到自己在這段關係中的價值和存在感。
- ♥ 自由者討厭施與者總是一副高高在上的樣子，好像自己什麼都欠對方的；會覺得接受者不成熟，太孩子氣，太多事。
- ♥ 接受者會埋怨自由者不夠愛自己，不願意為自己付出，根本不在乎自己。

③ 用不同方法挽回不同人格的前任

透過前面的分析我們已經知道，三種人格在感情當中有不同的表現和訴求。因此，我們在挽回的過程中，也要針對對方的人格特性，採取不同的挽回方法。

（1）挽回施與者

在挽回施與者時，我們需要給對方一個實現自己價值的機會，讓對方知道，我們不能沒有對方，要讓對方找到自己在這段關係中的價值。

曾經有一位女生來找我諮詢如何挽回前男友。

這位女生和她的前男友是大學同學，畢業之後兩個人又繼續交往了兩年。

女生性格比較獨立上進，而且一直專注於工作。

男生經常想照顧女生，但是女生由於一直想證明自己，反而會覺得男生在相處過程中有些婆婆媽媽；再加上忙於工作，便冷落了男生。

最後，男生提出了分手，理由是女生根本不愛自己。既然女生心裡只有工作，那就各走各的路，也不耽誤女生的發展了。

我問女生：「為什麼你現在又想要挽回對方了，之前不是覺得對方婆婆媽媽的嗎？」

女生說，之前是因為自己太不懂事，總是覺得事業和愛

情不能兼顧，但是直到取得一些工作成績之後才突然發現，自己並不開心，沒有人能和自己分享這一切。

雖然我們一直都在追求獨立，但是我們內心總有脆弱的時候。

如果另一半是個施與者，剛開始的時候你可能真的覺得這個人總是婆婆媽媽，而且有的時候會覺得這個人對你太好了，反而會有心理壓力。但是時過境遷，也的確有很多人會懷念施與者在感情當中的付出，以及對方對自己的關心和照顧。

男生離開女生，是因為女生太過獨立，導致他在感情當中找不到自己存在的意義。而且女生一開始忙於工作的時候，也確實忽略了男生的一片好意。

那麼，應對這種情況，我們常見的方式就是展示自己的脆弱面。

雖然很多挽回課程告訴你不要去賣慘，但是對於施與者來說，你不賣慘反而會把他們推開。因為施與者會覺得你沒有對方照樣過得很好，為什麼還要去打擾你？

因此，你在施與者面前要學會展示自己的脆弱面，這樣才會讓他認為和你在一起是有意義的，有價值的。

在我的授意下，女生開始在網路社群發一些僅前男友可見的動態，展現出了自己的迷茫和焦慮。

果不其然，男生注意到了這樣的狀態，有一天主動問女生最近是不是有什麼煩心事。

藉著這個機會，女生第一次在相處當中放下了自己「女強人」的姿態，向男生打開了自己的內心，把自己的迷茫和委屈講給男生聽，也表達了自己的後悔之情。

男生多少有些觸動，但是並沒有立刻提出復合，只是說，以後女生就是自己的妹妹，有什麼事情儘管來找他。

藉著這個機會，我指引女生在以後的相處過程中，隔三差五地去找男生幫忙和聊天，即使有的時候她並不需要幫助。

男生總是很樂意解決她的問題，並且女生在接受幫助之後，也開始表達對男生的讚美和肯定。

男生開玩笑說，女生這種小女人的樣子他還是第一次見到。

後來，在兩人分手兩週年之際，女生約男生出來吃了一次飯，動情地告訴男生，她發現自己的生活當中不能沒有他，自己沒有想像的那麼堅強；沒有男生在身邊的日子裡，再也沒有人能夠像男生這樣照顧和關心自己。

對於施與者來說，這樣的話十分動人，而且也給了他們足夠的價值感和幸福感 —— 他們意識到他們的存在真的會給別人帶來積極的影響，找到了自己在這段關係當中的價值。

男生當天晚上就答應了女生復合的要求，而且也很真誠地對女生說出了自己的心裡話：「我很開心你能這麼看我，你的這些話，讓我感覺到我是一個有價值的人。」

（2）挽回接受者

在挽回接受者時，我們要給對方足夠的安全感，讓對方堅定地相信自己是被愛著的，我們心裡一直想著對方。

我曾經指導過一位男生挽回他的前女友。

這位男生與他的前女友是遠距離戀愛，女生在高雄，男生在臺北。

雖然兩個人交往之初說過要解決遠距離問題，但是在相處過程中男生漸漸忘記了這件事。

戀愛三年之後，女生提出分手，理由是男生根本不在乎自己，男生的規畫當中沒有自己；而且遠距離戀愛那麼久，雙方碰面的次數越來越少，感覺兩個人已經沒有了感情。

接受者是十分沒有安全感的，對於他們來說，如果感覺到你的人生規畫中沒有他們，他們就會十分恐慌。

在挽回這個女生的時候，我們將關注的重點放在了解決問題上。

對於這位女生來說，提出分手的主要原因有兩個：一是感覺遠距離的問題無法解決；二是感覺男生對自己根本就不在乎。

因此，在我的建議下，男生一直與女生保持著聯絡，並且開始積極地在臺北幫女生找工作。

當工作問題有了一些眉目之後，男生開始在聊天過程中表達對女生的在意和關心。比如：女生喜歡的電影上映了，

提醒女生抽空去看；之前女生一直說想要買的限量款包包，男生幫助她找到了出售的店家……

在這些小事上的關心，讓女生明顯感覺到了男生與過去有所不同。

這個時候，男生想要表白，提出復合，被我攔下了：在實際問題沒有解決的時候，不要提出這樣的請求。

直到有一天，男生非常誠懇地給女生打去了一個電話，反省了自己在感情當中對女生不關心的行為，正式提出了請女生來臺北一起生活，兩個人重歸於好的請求。

女生當時都有點想掛電話了，但是男生接下來的話讓女生震驚了 —— 男生詳細地說出了自己對於女生來臺北之後的規畫，從工作到租房，再到存錢買房結婚，甚至配套方案都已經想得清清楚楚。

在女生震驚的時候，男生順勢講了自己做這件事花費了很長的時間和精力，就是為了彌補自己在過往感情當中的不用心，並且承諾女生來到臺北之後絕對不會讓她受委屈。

這樣的態度和付出，深深打動了女生。兩個月之後，女生動身前往臺北，入職了男生介紹的公司，兩個人重歸於好。

對於接受者來說，一定要讓他們感受到你在感情當中的付出和用心 —— 不能只做事不發聲，你要讓他們看到，並且聽到。

(3) 挽回自由者

在挽回自由者時，我們不要給對方太大的心理壓力，要讓對方感覺到我們兩個人開開心心地在一起就很好，誰都不用為誰做什麼犧牲和奉獻。對方只有看到你身上的價值，覺得你活得十分精彩，才會願意重新回到你身邊。

我曾經幫助一位男生挽回了他的前女友，而那個女生就屬於這種自由者人格。

那位男生在感情當中是一個十分依賴對方的人，經常會打電話給女朋友查勤；而且自從交了女朋友之後，就將生活重心完全放到了女朋友的身上。

而女生是一個十分自我的人，不止一次要求男生不要給自己太大的壓力。

終於有一天，女生忍無可忍，提出了分手。

男生想要挽回女生，但是不管怎麼道歉和表態，女生都十分反感，甚至警告男生，要是再這樣就直接封鎖對方。

對於自由者來說，沒有什麼比承擔心理壓力更讓他們苦惱的了，他們真的很不喜歡你為了挽回他們做那麼多事情，因為他們會覺得：我又沒有逼你，你做這些事情搞得好像我欠你人情一樣。

因此，要想挽回自由者，最重要的是展現出你分手之後的精彩生活。透過重塑你的吸引力，讓他們感覺到你的亮點。

自由者不像施與者，需要你來展現自己離不開他們；他

們也不像接受者，需要看到你的真心和付出。他們只會喜歡那些能吸引他們的人，因為他們在感情當中不想背負太多的壓力。

　　所以，我建議男生停止付出和討好，告訴他，從現在開始你要學會過自己的生活，甚至要對這段感情冷處理一段時間。

　　從那以後，男生再也沒有聯絡女生，反而把時間花在健身和培養興趣愛好上。

　　透過在社交平臺發布的動態，男生傳遞給女生一個信號 —— 他現在過得很好，不僅外形上發生了很大的改變，還有著豐富的業餘生活。

　　如果是施與者，看到這樣的情況會選擇默默離開；如果是接受者，看到這樣的情況會認為對方已經不愛自己了；但女生是自由者，反而被男生這樣的狀態吸引了 —— 她開始好奇男生經歷了什麼，為什麼男生會有這麼大的改變，甚至覺得男生已經不再是過去那個只會圍著自己轉的人了。

　　後來，女生主動聯絡了男生。我讓男生採用比較冷漠的態度 —— 因為在這樣的情況下，如果男生立刻撲上去，又會增加女生的心理壓力，只會適得其反。

　　與其這樣，還不如讓兩個人先做朋友。

　　男生偶爾會帶著女生去幾次健身房，也會接受女生的邀請一起吃飯、看電影，但是點到為止，絕對不糾纏。

　　在相處的過程中，男生一改唯唯諾諾的姿態，開始展現自己的價值，主動帶動氛圍，而且做事也有了自己的想法，不再只看女生的臉色。

　　在這樣的情況下，女生反而被吸引了 —— 因為她沒有心理壓力了，她覺得對方現在很優秀，兩個人可以毫無壓力地相處了。

　　這樣保持半年之後，女生主動向男生表白，表示不希望兩個人就這樣錯過。而男生經過這次挽回也明白了一個道理：在和自由者戀愛的過程中，一定要做好自己，保持自己的吸引力。

　　以上是針對不同人格特性的不同挽回方法，你會發現方式是完全不同的，因為每一種人格所看重的東西是完全不同的。

　　施與者渴望的是被認可，接受者渴望的是被關注，自由者渴望的是相互吸引。

　　如果你不知道你面對的人屬於哪種人格，如果你不知道這種人格的人具有哪些特性，那麼你的挽回必將失敗。

　　情感的背後是人心。如果你都猜不透對方的心，你怎麼能夠得到這個人呢？

第六章
挽回成功只是開始

挽回成功，無異於人生一大幸事與喜事。

但千萬不可因為挽回成功就刀槍入庫、馬放南山。挽回成功不是終點，而是起點。在以後的生活中，你們還可能面臨種種摩擦和衝突。如何讓愛情保鮮，需要你用一生去鑽研和踐行。

懂得男女想法差異，才能更好地經營愛情

看完之前那麼多的內容，相信你已經逐漸意識到：我們在處理很多情感問題的時候，都需要在男女的想法差異中尋找落腳點。

說起男女想法差異，幾天幾夜都說不完。女生總是抱怨「他不懂我」，而男生則時刻都在吐槽「她的問題怎麼這麼多」。要理解男女的思想差異，應站在對方的角度去思考和溝通，若能這樣思考，情侶之間的矛盾能減少一大半。

我總結了男女之間三個重要的想法差異。下面，我將其放在實際生活場景中去解釋，相信每一個場景你都會感到似曾相識。

1 女生看態度，男生看邏輯

昨天凌晨兩點，萬籟俱靜，在茫茫黑暗中，已經睜不開眼的我還在陪著毫無睡意的女朋友聊天。

我用盡了所有緩和的方式準備結束話題，剛剛看到勝利的曙光時，她發來一句：「等我們工作穩定後……」

瞬間一個直覺告訴我，這個話題一展開至少要聊兩個小時，那估計要到凌晨四點才能睡了。

絕不能「坐以待斃」。

如果我選擇說：「不行不行，我真熬不住了，我要睡覺，明天再聊。」這是典型的男性思考模式，邏輯清楚，就事論

事。但是，這樣在女朋友心中的印象分起碼扣掉一半，搞不好還要面對「你是不是對我不耐煩了」、「你是不是不喜歡我了」、「你的未來計畫裡是不是根本沒有我」這樣的奪命三連問。

如果我說：「你早點睡吧！熬夜對身體不好，我也要睡了。」男女思考模式各占一半，既凸顯了男性的敘事邏輯，又表達了關心對方身體的良好態度。但是，這樣的回答最多能達到不惹怒女朋友的程度，並不能收穫更多的印象分。

而我最終選擇的回答是：「親愛的，提起工作，我突然想起還有點工作沒完成。本來計劃晚上十點弄的，為了陪你聊天推到了現在，聊得太開心，還差點忘了。」這個答案完美地契合了女性思考模式。

- 表達了為了陪對方聊天而將工作擱置，凸顯了對方在自己心中的重要性；
- 表達了與對方聊天十分開心；
- 在聊天結束後還要熬夜完成工作任務，建立了自己認真敬業的良好形象。

女生在互動中往往不看你說的對不對、有沒有道理，而是看你的態度。

而男生在互動中直截了當，想到什麼說什麼，不加篩選和修飾。

這是男女互動中很常見的一個衝突點，女生會直接忽略男生縝密的邏輯鏈，轉而透過男生的態度來判斷他的對錯。

② 女生說人，男生論事

當收到朋友發來的這樣一條訊息「我昨天在店裡吃飯的時候看見你在逛街」時，我們會怎樣思考？

女生從與自己有關的部分思考：「這麼巧啊！我昨天是要去買……」

男生從相關的事情開始思考：「你在吃什麼？為什麼不喊我進去一起吃？」

女生會在一個句子中優先討論「人」，尤其是優先討論「自己」；男生會在一個句子中優先討論「事」，尤其是優先討論「實事」。

因此，男生和女生在聊天的過程中，要懂得彼此想法的差異。

如果女朋友說：「今天天氣不錯。」男生可以回覆：「是你的心情不錯吧！」

如果女朋友說：「室友出軌了。」男生可以回覆：「不是所有人都像你一樣認真對待感情。」

如果女朋友說：「剛看完愛情劇，哭慘了。」男生可以回覆：「你覺得裡面哪個角色最像你呢？」

不誇張地說，這樣聊天，女生可以和你聊一整天。

　　那麼反過來，對於男朋友的一些語言和行為，女生也要從男性思考模式正確理解，不要亂鑽牛角尖。

　　如果男朋友發來訊息說：「今晚和朋友聚會去。」女生的第一反應往往是：和誰聚會？是男生還是女生？這就是典型的女性思考模式。但事實上，他可能只是和兄弟們去路邊的熱炒店喝啤酒。所以你只需要說：「知道了，別喝太多酒，早點回家。」

　　如果男朋友下班回家就一言不發對著手機發呆，女生的想法可能是：我做錯什麼了嗎？為什麼要對我擺臉色？但事實上，男生可能只是工作一天實在太累，只想一個人靜靜待著。所以你只需要該敷面膜敷面膜，看看影集，等他休息夠了，自然會過來找你親親抱抱舉高高。

3 女生喜歡發洩情緒，男生喜歡解決問題

　　關於這一點，我相信大部分人都多少知道一些。

　　但是，很多男生在與女朋友交往的過程中，解決問題的方式是不對的。

　　比如，當女朋友說「加班好累」的時候，男生回覆「心疼，抱抱，換個輕鬆點的工作吧！」這真的解決了問題嗎？並沒有。

　　除非你真的可以為她安排一份錢多、事少、離家近的工作，否則你說的這句話有什麼價值？難道對方不知道可以換

份輕鬆的工作嗎？但是輕鬆的工作能達到她現在的薪資水準嗎？輕鬆的工作與她的專業相符嗎？這些問題你都沒有考慮，就只是漫不經心地給一個「換工作」的方案，你覺得對方會開心嗎？

所以這時你只需要感受對方的情緒，並幫助她化解這種不良的情緒。

比如可以這樣說：「我能理解，天天加班真的讓人受不了。我也很不喜歡這樣的主管，工作安排不合理，只會讓員工加班。算啦，別想這些不開心的了，等到週末我們一起去吃點好吃的犒賞一下自己吧！」這樣既讓女朋友覺得你對她的情緒感同身受，又提出週末一起吃飯的實際方案幫助她化解了不良情緒。

這才是與女朋友溝通的正確方式。

總結起來，可以有這樣一個公式：

> 我理解你＋一致對外＋轉移注意力並分散負面情緒＝與女朋友有效溝通

那麼，反過來，當男朋友遇到棘手的問題時，如果女生可以幫助解決問題，或者提出有效解決問題的方案，那麼在對方心裡也是會大大加分的。

但現實情況是，不少女生面對男朋友遭遇的困境，非但不能協助解決，反而會繼續在情緒上打壓對方。

比如，男朋友做的簡報不符合主管要求，被迫加班重

做。有些女生不但不去體諒對方，反而一臉鄙夷地說：「你怎麼這麼沒用，這點事都做不好！」

這樣的溝通有兩種結果：

💜 對方很生氣，覺得女友不體諒自己；
💜 對方也開始覺得自己很沒用，以後越來越沒自信。

我想，這兩種情況都是女生所不想看到的吧！

正確的做法應該是告訴男朋友：「我擅長做簡報，或許可以幫上忙。」即使你不會做簡報，也可以說：「別著急，我去外帶兩份晚餐，過去陪你一起加班。」

如果你能幫助他解決實際問題，這當然最好，即使沒有這樣的能力，也不要在他糟糕的情緒上添一把火。

兩性關係中最重要的是什麼

每一對情侶在交往的過程中，都要面臨如何維護彼此關係的問題。但是，真正能夠將這個問題處理好的，卻少之又少。

我總結了兩性關係中三個最重要的因素，維護好這三個重要因素，你和另一半的關係就不會出現太大的問題。

① 螺旋式上升的親密關係

在兩性關係中，伴侶之間所要面對的最大敵人就是親密關係的冷漠，又叫做兩性關係的情感閾值。

很多戀愛中的人，由於長期相處，對伴侶的一切都習以為常，所以就會產生一種倦怠的心理。

這種心理所帶來後果是，我們開始不自覺地放大對方的缺點，伴隨而來的是在生活中不再對對方輕易忍讓，矛盾和摩擦會呈倍數增加。

這就是我們俗稱的多巴胺逐漸褪去，彼此之間的新鮮感逐漸減少，吸引力逐漸降低。

所以，交往一段時間以後，幾乎所有女生都會問：「你是不是不愛我了？」男生也會疑惑：「天哪，我當初是怎麼喜歡上她的？」

當兩性關係發展到這個閾值時，就要懂得再一次升級親密關係，否則不進則退，長久處於平淡期的情侶，很容易因為某一次無法和解的摩擦而分道揚鑣。

在這裡我想告訴大家的是，維護兩性關係的和諧，我們既不能急功近利，又不能無所作為，而要懂得讓親密關係呈螺旋式上升。

什麼是螺旋式上升呢？

我們可以把螺旋式上升想像成彈簧，其以環繞的方式穩步上升。

　　在這個過程中，親密關係就像彈簧一樣不斷延伸。從整體的兩性關係來看，既穩固、富有彈性，又持續上升。

　　那麼，如何讓兩性關係呈螺旋式上升呢？答案就是製造新鮮感。

　　對於女生來說，假如你天天在家素面朝天、不拘小節，可以偶爾一天打扮得光鮮亮麗一些，做個漂亮的髮型，再噴一些撩人的香水，挽著男友的手臂和他逛街。他可能嘴上說「打扮得這麼漂亮做什麼」，其實內心已經喜不自勝。這一天，他必定會主動獻殷勤。

　　對於男生來說，平時朝九晚五、努力拚事業是首要任務，但是也要懂得為伴侶製造浪漫。比如，在某個紀念日偷偷預定飯店，準備一個精緻的禮物。女生雖然會故作矜持，但是她內心卻會為你加分不少。

　　這就是心理學中的古烈治效應。

　　人在本質上屬於喜新厭舊的生物，要想和一個人保持長久的穩定關係，就要懂得在生活中有意識地製造小波瀾和小驚喜，展現出自己的生活情趣，讓對方不時地像發現新大陸一樣，發現愛情的有趣之處，兩性關係才能呈螺旋式上升。

2 保持愛情的核心價值

想要維護兩性關係，就要保持愛情的三大價值。

（1）精神價值

所謂精神價值，就是彼此生活情緒處於相同頻率，懂得包容彼此的價值觀，並有著共同的交友圈和興趣。

隨著交往的時間越來越長，很多情侶會感覺越來越缺乏共同話題。男生不懂韓劇，女生不懂遊戲，既然沒有共同興趣，索性就各過各的，兩性關係走到了岌岌可危的地步。

想要培養彼此的精神價值，既要懂得包容彼此的個性，又要懂得讓彼此的生活產生交集，培養一些共同的興趣愛好，從而建立起彼此精神世界的橋梁。簡單地說，就是兩個人在一起有話可說，有事可做。

（2）性價值

所謂性價值，也就是指彼此能夠被對方的外表所吸引，能夠產生性衝動，兩人能夠過正常的性生活。

相關調查顯示，愛情中彼此的性衝動最多只能保持 5 年，因為人的多巴胺和苯乙胺醇的分泌不會長時間處於旺盛狀態。

所以，想要保持性價值，就要懂得塑造自身的外在形象，偶爾嘗試新的造型搭配，讓對方覺得你有吸引力；同樣，對方也會在潛意識中提升自己，兩性關係也就進入了良性循環。

(3) 自我價值

這一條，主要是強調彼此的學識水準、能力，以及事業發展程度是否相相符。

兩個人在一起，如果一方在不斷進步，而另一方總是止步不前，那麼兩個人的距離很快就會被拉開。隨之而來的就是看待問題的角度與深度差異越來越大，共同語言越來越少，彼此沒有辦法很好地交流溝通。長此以往，感情很容易出現裂痕。

相反，如果兩個人能夠共同進步，比如一方考上了在職專班，另一方也努力準備公司內部考核；或者一方升任部門經理，另一方也被提拔為辦公室主任，這樣兩個人就是相同頻率的，可以交流溝通，更能夠彼此欣賞。

在戀愛中，一定要不斷提升自我價值，因為只有高價值的人才更容易吸引對方。當戀愛中的兩個人呈現出你追我趕、共同進步的局面時，彼此對對方的吸引力都是最大的，這樣的戀情也是最穩固的。

３ 對於彼此的認同感

何為認同感？舉一個很簡單的例子：在兩個人交往初期，如果你打碎了一個杯子，對方可能會說：「怎麼樣，你的手有沒有割傷？」但是兩個人相處三年以後，對方就可能會說：「你怎麼這麼粗心，怎麼這麼笨，什麼都做不好！」

相比較而言，前者更加注重伴侶的感受（對伴侶的認同感高），而後者只在乎自己的情緒（對伴侶的認同感低）。

在戀愛中，當彼此對於自己情緒的表達大於對對方的關照時，則代表對伴侶的認同感比較低，這其實是很多平淡期情侶的常態。認同感低帶來的後果往往是爭吵和矛盾，久而久之，會讓感情持續惡化。

那麼，怎樣才能增進彼此的認同感，既讓對方知道你內心所想，又能讓你體察到對方的情緒動向呢？

這就需要我們注重內在溝通。

在兩性關係中，所謂的內在溝通，是指除了日常交流外，更多地進行內心想法的交流。

在兩性關係的平淡期，彼此的交流往往停留於日常瑣事，缺少有效的深度溝通，往往會導致彼此產生猜疑和誤解，距離感也就油然而生。

所以，在戀愛的平淡期，一定要注意深度溝通，比如針對一件事情進行充分交流，發表彼此的看法，同時體察對方的思想。這種精神層面的交流和碰撞，更容易讓彼此的感情得到昇華，成為真正的靈魂伴侶。

經營兩性關係，需要走進彼此的內心，傾聽對方內心深處的聲音。

給彼此留點空間，愛情才能茁壯成長

在愛情的城堡裡，不要想著去控制對方，要學會給彼此一定的空間。

1 給對方的個性留點空間

人人都有自己的個性，誰也不要試圖改造對方。你既然決定和對方在一起，就應該對對方的個性有一定的了解，並做好接受對方個性的準備。要盡量地適應對方，讓對方保持獨立的人格與獨特的個性。而當你給對方的個性予以適度的空間時，就會增強自身的親和力，加深彼此之間的感情。

2 給對方一定的交友空間

由於交友而導致情侶之間感情破裂的事情極為常見，而其中又以異性交往最為突出。

有的人會限制自己的伴侶交朋友，尤其是異性朋友。

有這樣一個妻子，她對丈夫的行為非常敏感。

丈夫在外和同事一起吃飯，妻子就要查明是否有女同事一起吃。如果有，這頓聚餐肯定無疾而終。

丈夫與別人通電話時，只要對方是個女人，妻子就問個不停。

丈夫值夜班，首先要向妻子保證與自己一起值班的都是男人，否則妻子就開始提心吊膽，會在丈夫值班時打電話過來核實。

這位妻子之所以這麼做，根本原因在於她非常愛自己的丈夫，時時刻刻擔心自己的丈夫被別的女人搶走。

然而她的做法非但沒有控制住丈夫，反而被丈夫起訴到法院，堅決要求與之離婚。

為什麼如此深愛自己的丈夫，卻將自己的愛情葬送？原因很簡單，這位妻子沒有為自己的丈夫保留自由的交友空間。

③ 給對方一定的經濟空間

不少由丈夫提起的離婚訴訟案裡，離婚理由之一都是妻子在經濟上管得太死。

比如丈夫的提款卡長年由妻子把持，丈夫花錢每次都要跟妻子申領；當自己的父母生病，需要花錢就醫時，還要看妻子的臉色。

正是由於妻子對丈夫在經濟上的嚴格封鎖，最終導致丈夫提出離婚。

當然也有另一種丈夫，自己掌握經濟大權，對妻子過於苛刻，引起妻子的不滿。

因此，戀人之間要在經濟上給對方一個自由的空間。

4 給對方一定的工作空間

工作是每個人必須做的事情，更是維持家庭經濟的途徑。無論是男生還是女生，都有可能出現因為忙於工作而對對方缺少關心的情況。這個時候，要給予對方充分的理解，不要過多地干涉，最大限度地給對方留下一個工作的自由空間。不要動不動就埋怨對方疏忽自己，其實對方也許正在為你們的未來而努力打拼。

5 給對方一定的隱私空間

過去的情史、曾經的日記，這些隱私不要刺探；來往電話、手機簡訊，也不要隨意翻看。

有些人認為，既然兩個人在一起交往，那麼就應該共同擁有一切，包括對方的思想和內心也應該完全屬於自己，不允許對方有任何一個「死角」或「隱祕的地方」。

其全然沒有意識到，當一個人對自己的一切毫無保留的時候，也就是自己與別人失去心理距離時。這時，自己會缺乏安全感，自尊心也很容易受到傷害。這樣的做法只會讓伴侶有窒息的感覺，從而產生後退、逃避的想法。

一方越是厭倦、逃避，另一方就越是不安，越想糾纏。就像一隻寒冷的刺蝟，一味地向另一隻刺蝟擠靠，完全不顧對方已經被自己的刺扎得鮮血淋漓，也沒有意識到自己也會

因此被對方的刺扎傷。這樣的關係只能陷入僵局，一方會越來越失望，而另一方也會越來越委屈，甚至怨恨。

現在的人都在追求個性張揚，人格獨立，只有保留適當的空間，才能有人格的獨立自由可言，才能長久保持情侶之間感情的美好與和諧。誰違背了這個規律，感情就會朝反方向發展。

因此，戀人之間一定不要過多地控制對方，應該多給愛情一些吸收氧氣的空間，讓它能自由自在地發展，從而永保愛情的活力。

查手機、查通訊軟體？別讓這些行為毀掉彼此的信任

有一位作家，把愛情形象地比作一座房屋，在這座房子裡，信任是基石，責任是頂梁柱，關懷是牆壁，呵護是屋頂，溫情是爐火，理解是門窗。無論這座房子是什麼樣的，如果信任的基石不穩固，房子終究會坍塌。

在愛情關係中，我們首先要信任我們的伴侶是忠誠的、愛自己的，並珍惜彼此的關係。

信任，可以讓你永遠保持清醒的頭腦，免受外來因素的干擾與侵襲，同時充分地保障著愛情的穩固堅實。而猜疑只會損害我們的愛情。

很多戀愛中的人，對自己的另一半不放心，或者不信任，總是喜歡查對方的手機、通訊軟體等，看對方都在與誰聯絡，有沒有與異性有過多的交流，說了什麼話；甚至連每時每刻的行蹤都要報備。長此以往，不僅會影響對方的工作與生活，而且對彼此感情的經營也是不利的。

畢竟，沒有人喜歡被當作犯人，每天接受各種「審查」。

這樣的嚴防死守，不但守不住自己的伴侶，反而會將對方越推越遠。

沒有人是為了將來離婚而去結婚的，結婚本身就意味著一種美好的初衷：與配偶白頭偕老。同時，這也意味著對配偶有著一種基本的信任。

如果你一邊不相信對方，一邊還選擇和對方朝夕相處，這是一件多麼痛苦的事情！

愛情中的男女，因為不放心對方，總是把自己弄得像個私家偵探，過度地懷疑，無端地猜忌，反而把對方逼上絕路。

信任是一種連接人與人之間的紐帶。夫妻間的信任是最重要的一個環節，不要感覺今天對方哪裡有些不對勁了，就用懷疑的態度來對待對方。有些事情就是在這種捕風捉影的狀態下產生的，原本沒有的事情就是因為對方的不信任才會弄假成真。

夫妻間不要有太多的猜疑，有了第一次，就會有第二次、第三次，這樣會讓這種方式成為習慣，最終傷害的還是自己。

愛情的維護需要彼此的信任。現代社會越來越開放，外遇、離婚、第三者已不是新鮮的詞。不僅僅是女人越來越不安，越來越多的男人也開始變得不安。

如果丈夫總是應酬不斷、天天晚歸，妻子難免會起疑心。其實，丈夫很有可能是因為工作比較繁忙，不得不這樣。

如果妻子很愛玩，經常去夜店酒吧，身為丈夫又能安心嗎？其實，這個妻子只是有點愛玩，並沒有做出什麼過分的行為。

有些事情即使聽到什麼或者看到什麼，我們也應該先想到信任，然後調查清楚，再去進行下一步，只有這樣才不會被那些流言蜚語傷害。

在網路發達、價值取向和道德觀念發生嬗變的今天，夫妻或者戀人之間更加渴望信任，更加需要信任。

只有相互之間以心換心，理解和信任對方，才能促使感情昇華，使彼此之間的愛愈加濃郁。也只有這樣，才能保持戀人或者夫妻感情的歷久彌新。

怎樣確定你的戀人是適合的結婚對象

婚姻到底是什麼？婚姻就是兩個人好好地過日子。

少年時，我們都曾幻想過自己以後的婚姻，對方是什麼樣子的？什麼年紀？結婚那天的情景？長大後，我們內心多了幾分現實，少了幾分幻想。

如今，大家都沉迷於單身之中，逃避也好，找不到心儀的對象也罷，總而言之，戀愛看似容易，但真想走到結婚這步卻很難。

現代人的婚姻，不同於以前「一畝土地，兩頭牛，老婆孩子熱炕頭」的日子，也缺少了「車馬很慢，一輩子的時間只夠愛一個人」的堅守。

一日三餐之後，我們推開門，回到家，害怕面對對方的抱怨、挑剔和雜亂的家，渴望的是安靜、溫暖、舒適的空間。

多少次，我們真的很怕，害怕現在自己身邊的那個人，真的步入婚姻以後，會變成一個不修邊幅的黃臉婆，或者一個邋遢的、油膩的男人。

所以，在結婚前，我們一定要問問對方，你理想中的婚姻是什麼樣子，你夢想中的伴侶到底是什麼樣的人。

不是談天說地，也不是兒時的幻想，而是實際上，你要什麼樣的人，我到底是不是這樣的人。同時，也問問自己：「我要的是什麼樣的人，對方到底是不是那個合適的人？」

相愛容易相處難，越到婚姻臨近的日子，越需要多想一想。

那麼，怎麼確定你的男（女）朋友是不是合適的結婚對象呢？

我花了許多時間，整理了近千件案例，做了如下總結。

1 愛

有的人說,「合適」便是三觀一致,愛好相似。也有的人說,結婚沒什麼愛不愛的,只要條件差不多,門當戶對就可以了。

可是,這裡必須提到的一點,就是「愛」。

如今,人們的感情已經不像過去那樣。

過去可以不在乎是否相愛,只要兩個人條件相當,到了結婚的年紀,都有結婚的意願,就可以結婚了,就這麼一輩子了。

而現在不同了,到處是誘惑,到處是風景,如果沒有點實實在在的「愛」在中間,想把婚姻堅持下去,真的很難。

很多人在結婚的時候都會覺得愛沒有那麼重要。其實,是因為沒有多少人真的能得到愛。

愛,本來就是一個稀缺的東西,也是一種稀缺的能力。

兩個都懂得愛的人能夠碰在一起,相知相愛,那是難得的福氣。因為太多人,終其一生,都沒有這種運氣和這個能力。

沒有愛的婚姻是悲哀的,這是看過了無數案例之後的感慨。

舉個例子:

小王在與前女友分手以後,覺得自己不會愛了。在那一段感情中,他幾乎耗費了自己所有的真情。可是年紀大了,迫於家裡的壓力,他就隨便找了一個看著條件還不錯的女孩結婚了。

這個女孩對小王很滿意。小王也覺得，這個女孩比前任漂亮，工作體面，學歷還高，性格也比前任好，當作結婚對象應該不錯吧！

但是結婚以後，小王總是想起前任。明明眼前的妻子各方面都很好，可是小王每次回到家，看見妻子在做飯，卻幻視般地彷彿看到前任在下廚。

對方做了一桌子香噴噴的飯菜，可是小王依然挑剔對方做得不好吃；一起出門前，妻子因為化妝耽誤了幾分鐘，小王就開始不耐煩；妻子生日的時候，小王可以因為加班而忽略，也不管妻子失望與否，可是前任的生日，小王卻記得清清楚楚，還給她定時郵寄了生日禮物。

雖然在這個案例裡，小王確實做得很不好，很多人會覺得他「身在福中不知福」，可是不愛就是不愛，條件再好也愛不起來。

有人說，愛情有保固期。其實，有保固期的是熱情。真正的愛如大海，可以持之以恆。

② 性

說到婚姻，必須聊一下這個話題。

渡邊淳一說：「女性都喜歡品行端正、有紳士風度的男人，不過當她得知這個男人在性方面有障礙後，恐怕就不會再迷戀於他。」

男性就更是如此。

和諧的性生活，能夠化解婚姻關係中的很多小摩擦；反之，如果性生活不和諧，也會讓夫妻關係緊張，感情變淡。

③ 家的感覺

對於婚姻來說，對方最好能帶給你「家」的感覺，你也能在對方身上能找到一種歸屬感。

這裡說的「家的感覺」，除了一種熟悉感外，還有我們已經固化的生活習慣。兩個人在生活習慣方面存在差異是很正常的，只要能不勉強自己，從心底接受對方的生活習慣，那麼也會成為一對好的伴侶；但是，如果接受不了，就不要勉強，否則，你說服自己接受了，以後還是會嫌棄的。

小的嫌棄日積月累，就會變成大的矛盾。

④ 妥善處理兩個家庭的關係

愛情幾乎和原生家庭是分不開的。有不少情侶，兩個人相互喜歡，但是家長不同意，結果只能以分手收場。

走到婚姻這一步，必然要考慮對方的原生家庭。

在這點上，比較推薦的處理方式是，多為對方原生家庭著想。

比如說，兩個人要商量好，買禮物就買雙份，千萬不要厚此薄彼，其實大家心裡都介意；對於對方的其他親戚，根

據關係遠近，決定走動頻率；是否介意對方拿兩個人的錢去補貼自己的家庭，比如給弟弟買房子等；如果雙方父母和親戚來，住在哪裡，怎麼安排，怎麼對待；親戚們的「熊孩子」來了，用什麼態度對待，發生矛盾時怎麼處理等等。

⑤ 三觀一致、門當戶對

在這裡的三觀一致、門當戶對，不僅僅是雙方的經濟實力和物質條件差不多，三觀也不要差距太大，以至於難以彼此認同。這還包括：兩個人進步的頻率是否一致，上進心是否同步；平時如何溝通，溝通方式是什麼；兩個人是否顧家；對一些事情的看法如果出現差異，對方能否包容和理解等等。

所以，當很多問題上升到精神層面時，不能要求對方是完美的精神伴侶，只要雙方沒有不耐煩和嫌棄，其實彼此就已經有不錯的相容性了。

⑥ 顧家和理財

當事業和家庭難以兼顧的時候，多數情況下，雙方要商量好兩個人的角色分工。

家不僅僅是個生活的地方，更是兩個人共同創造美好回憶的小窩。

無論男女，都渴望對方是個顧家的人。這倒不是說讓對方不工作，天天面對家庭生活打轉，奔忙於家事；而是希望

對方即使再忙，也會心繫家庭，每天能抽出點時間用在家人身上，實際為全家人的未來做打算。

很多人吵架，一方面是因為家庭分工不清，另一方面也是因為沒有做好家庭理財計畫。

在理財上，是不是要有公共帳戶，用來儲存生活資金；如何為雙方父母、以後的孩子存些錢以備不時之需；怎麼規劃現有的資金？同時，雙方還要就理財方式達成共識，盡可能減少和避免為家庭增加不必要的經濟風險。

7 車子、房子和孩子

這點應該是很多人關心的問題，也是很多人爆發婚前矛盾的主要原因。

比如：房子是不是一定要買，在哪裡買？房產證寫誰的名字？買房由誰來出錢？付頭期款還是一次性付清？要不要一起還房貸？打算什麼時候要孩子？孩子由誰來帶？雙方家庭教育理念出現差異了怎麼辦？父母干涉過度怎麼處理？孩子可不可以隨母姓？孩子要幾個？是否重男輕女？車子什麼時候買？買車一次性付清還是貸款？誰來還車貸？買什麼檔次的車？

雖然這些看起來都是小問題，但是如果不在結婚之前談好，後面會面臨很大的矛盾。

與這個問題相似的，還包括各地的彩禮和婚禮的操辦。

由於各地習俗不同，最好能達成統一的意見。婚前商討一下：婚禮怎麼舉辦，結婚預算是多少等等。真正考慮到結婚，一定要回歸現實面。

婚姻自古以來都是人生大事，不同的人也會有不同的考量。如果愛足夠，錢足夠，就一定能減免掉生活中的很多矛盾。

所以，最好在婚前和自己的另一半來一次「靈魂溝通」，把心裡想說的話，想問的問題，存在的疑慮，都坦誠地說出來。

畢竟，婚姻不易，需要兩人共同經營和努力；家是一體，需要我們共同珍惜。

第六章　挽回成功只是開始

第七章
挽回案例實戰解析

在從事情感諮商的十年裡，我協助過數萬人挽回愛情 ── 僅網站上就有兩萬多付費諮詢使用者。每次挽回成功，我都像自己挽回了伴侶一樣開心。當然，也有挽回失敗的，甚至挽回成功之後再次失去的。

在本章，我復盤近期幾個挽回成功的典型案例，希望讀者從中獲得更直觀的學習與借鑑。

遠距離戀愛分手後想挽回，前任卻不同意我去她的城市

案例概述

男生 26 歲，女生 24 歲，兩個人曾就讀於同一所高中，由大學學長學妹發展為情侶。男生畢業之後，起初留在家鄉工作，但是因為一直想去外縣市發展，所以工作了一段時間後毅然決然地辭職，去外縣市工作。

女生得知這個消息後，挽留男生未果，於是提出了分手，理由是接受不了遠距離戀愛；而且男生工作太忙，根本無法兼顧事業和愛情。既然看不到結果，還不如早點結束。

但是分手之後，男生很長時間都處在一種迷茫和孤單的狀態。當男生終於明白自己最在乎的還是前任時，打算辭職回家鄉，回到女生的身邊。

但是就在男生告訴女生這個決定的時候，遭到了女生的拒絕，並且女生明確地告訴他：「我們彼此也不是很合適，而且我現在不喜歡你了。」

男生十分疑惑和痛苦：兩個人從學生時代一路走過來，直到分手之前感情一直都很穩定，後來，女生因為遠距離問題提出分手。為什麼才剛過幾個月，女生的態度就轉變得這麼快？即使自己已經修正之前的錯誤，對方還是拒絕自己？

案例分析

對比一下男生對於這段感情的描述，以及女生面對男生挽回時的態度，我們就會發現兩個十分奇怪的點。

第一，兩個人的感情從學生時代一直延續到畢業工作，明明很穩定，但是女生卻說「本身也不是很合適」。

第二，女生之前試圖挽留過男生，分手之後還保留著男生的聯絡方式，但現在面對男生的挽回，卻說「我現在不喜歡你了」。

想知道為什麼會出現這種情況，我們不妨來看看男生諮詢時和我的對話：

「老師，我願意放棄一切去挽回她，可以為她做任何事。現在我連工作都可以不要，為什麼她還是不同意與我復合？」

說句實話，我在情感諮詢當中，最害怕的就是遇到這種說「我願意付出一切代價來挽回前任」的人。

你的深情我能夠理解，但是如果對方感受到你這種態度，只要是個成熟的人，就一定會拒絕你。

首先，你的恩情太重了。

對方會認為，你因為我放棄了自己的夢想和前途，我不知道應該怎麼做才能回報你。我不想讓這個心理負擔一直壓在身上，更不敢想像我們復合之後只要一有摩擦，你就拿著「當初我是為了你才回來的，你怎麼如此對我」這句話來占據道德制高點。

其次，你在感性和衝動的支配下做出的決定，不具有任何現實的意義。

才過幾個月？你又是毅然決然地跳槽，又是直接奔赴外地，現在還要殺回來 —— 你知道自己在做什麼嗎？這麼大的人了，做事如此衝動，對方怎麼能對你放心？

所以，這才是女生拒絕男生的根本原因。

這就解釋了為什麼曾經和男生感情十分穩定的女生，態度轉變會這麼大。女生說不合適，是因為男生現在的表現根本就不像一個成熟的、可以依靠的人；女生之所以說不喜歡，是因為只有這樣才能讓男生停止衝動，冷靜下來過自己的生活。

【挽回關鍵字】適度付出，觀念植入

挽回方式

如果真想讓女生回心轉意，我們解決問題的重點應該放在以下兩個方面。

1. 讓女生看到自己的成長和成熟、思想的轉變，讓女生知道自己不再是一個衝動的小孩。

2. 向女生展現一種態度：我回來是為了自己的前途，和你沒有什麼關係，你不要有心理負擔。

所以當時我給男生的建議是：從現在開始，不僅不要和對方說回故鄉的想法，反而要更加積極地展示出自己在努力

工作。

男生現在最需要做的事情，不是增進感情，不是表露忠心，而是在女生面前建立一個「說話經過大腦」的形象。只有這個形象建立起來，女生才會真的認為：假如男生有一天回來了，那也是他深思熟慮的結果，而不是衝動之下做出的選擇。

所以，我讓男生先陸續展示出自己安心工作的狀態，然後再找機會一點一點地向女生透露「外縣市不適合自己發展」這樣的觀念。

比如，在聊天中適時向女生表示：

「外縣市屬於金融中心，從長遠來看，我所學的電氣工程專業不太適合這裡。」

「我現在不著急換工作，等積累一點經驗以後，打算去別的城市發展。」

等到女生相信他確實在為自己的前途認真思考以後，再逐漸表露自己將來回家鄉的意願。但前提是，回去的理由要充分且符合實際。

比如：

「我之前的上司辭職回家鄉創業了，他那裡正好有適合我的工作機會，我想過去試試。」

「家鄉的發展潛力大，房價相對於外縣市要便宜，買房更容易，適合定居。」

不僅在城市的選擇上，在生活的觀念上也要逐步向女生傳達一些有利於復合的觀念。

　　比如：

　　當女生聊起在生活與工作中遇到不開心的事的時候，可以告訴她「凡事順其自然，不要勉強自己」。

　　當女生聊起朋友結婚的事情的時候，可以跟她說「兩個人要多在一起相處才能走得長遠」。

　　同時，要適時表達自己的想法：事業成功並不是人生的全部意義，只有找到相知相愛的另一半，找到歸屬感，才能獲得真正的幸福。

　　每一次表達自己想法的時候，絕對不說任何與「回去」有關的字眼，但是每次都藉著第三方的話題慢慢展示自己的轉變。而每一個轉變，都指向一個主題：我準備回去，而且是出於自己的意願。

　　在這個過程中，女生能夠看到這個男生的思想已經變得成熟。

　　等到年底，正好男生也工作一段時間了，而且第二年春季是找工作的黃金期，那麼這個時候回家鄉便理所當然了。

💜 之前已經說了，外縣市的核心產業和我的專業不符合，所以感覺留在這裡沒有什麼發展前途。

💜 之前已經說了，正好有人問我要不要去他那裡上班，所以跳槽也很理所當然。

❤ 之前已經說了，我覺得不要太焦慮、太逼迫自己，所以
應該給自己換個環境，換個生活節奏。

而這些改變指向的地方是哪裡呢？

是女生身邊。

只要女生沒有了心理壓力，看到男生的思考和轉變，重
新考慮接受這個男生並不困難。

事實也確實如此。在那一年的春節，兩人順利復合了。

挽回重點總結

1. 大部分人都不希望在感情中背負太多的心理壓力，不想
   讓另一半僅僅因為兩個人之間的感情就耽誤自己的發
   展。所以在壓力面前，會本能地選擇鴕鳥心態，迴避遇
   到的問題。

2. 不要輕易要求對方為了你而放棄對自己有利的機會，否
   則只要一有摩擦，對方就會用「當初我是為了你才回來
   的，你就這麼對我」這句話來占據道德制高點。

3. 挽回的時候要一點一點滲透，不要急於討論復合話題。

被男生判定為「綠茶」，還有機會挽回嗎

案例概述

小樂（化名）是個女生，她剛找到我的時候，已經犯下了很多錯誤。

之前男生追求她的時候，為了測試男生喜歡她的程度，她給了男生非常冷漠的回應。由於一直拒絕男生的追求，導致男生最終放棄。

這時，小樂發現自己將要失去這個男生，開始想要挽回，四處求朋友幫忙，還在網路社群裡針對男生發大段的表白、抱怨貼文。

她看到我的公開帳號中有一篇文章講了透過在網路社群中發布與其他優質異性的合照來刺激對方，從而挽回成功的案例，便照著做了一遍，結果男生在該篇貼文下留言，嘲諷小樂，認為她是「綠茶婊」。

小樂來找我之前非常沒自信，因為男生身邊有很多優質女生，她擔心自己沒有競爭力。

而且，她之前的種種錯誤做法給男生留下了特別不好的印象，她不相信男生能改變對她的印象。

【挽回關鍵字】重塑印象，創建吸引

挽回方式

（1）分析問題，及時止損

我向小樂了解了她的家庭環境，判斷她的依戀模式為恐懼型——受原生家庭的影響，既恐懼親密關係，又擔心被拋棄。

針對她存在的心理問題，我制定了專業的心理輔導方案，慢慢將她的依戀模式從恐懼型變為安全型。

與此同時，也針對她與男生之間的狀況，制定了相應的挽回計畫。

我讓她把之前在網路社群發布的與男生相關的內容都刪掉，並且發訊息給對方：

「之前我的行為太蠢啦，對不起，以後不會這麼幼稚了。做朋友就很好了，我會慢慢走出來的。」

由於之前男生對小樂的印象很差，所以必須先降低衝突。

之所以說「慢慢走出來」，而不是「很快放棄」，就是暗示對方，自己真的很愛他，只是因為不想給對方造成傷害，所以才放棄的。

果然，男生接受了兩個人「朋友」的關係。

（2）消除矛盾，重塑印象

一段時間後，恰逢小樂的生日。我教她發布貼文，展示朋友們贈送的禮物，並表達喜悅心情，然後再去問目標男生：「男生都喜歡收到怎樣的禮物呀？」

我讓她告訴目標男生，有個關係很好的男性朋友送了一份很貴重的禮物，不知道是不是對自己有意思。拒絕禮物不太好，收下禮物又怕對方產生不必要的誤會，所以準備還一份等價值的禮物給他。

這樣做的目的有兩個。

一是側面證明自己是坦誠的女孩，沒有「養備胎」的想法。讓男生回憶起，女生當初遲遲不答應與他交往，並不是在「養備胎」，如果不喜歡他，早就加以拒絕了。

二是激起目標男生的嫉妒心，讓他意識到，這個女生是很優秀的，有很多人喜歡。

（3）製造機會，創建吸引

之後，在女生感冒期間，我讓她發了貼文。果不其然，男生主動來關心女生了。

在這個時候，我對女生進行聊天指導，讓她給男生一個小小的需求感獎勵，告訴男生「你是唯一來安慰我的朋友」，表達自己的無助，激發男生的保護心理，並確認男生的獨特性。

同時，兩個人聊到了家庭和未來規畫，展示了孝順和三觀端正的隱性價值，讓男生感受到女生優質的內在。

至此，女生已經徹底改變了男生之前對自己的印象。

我一直認為，真正的挽回並不是以結果為目的。因為即使我使用專業套路，幫助學員挽回對方，只要學員自身的問題沒有得到解決，那麼兩人在以後的相處中依然會發生種種矛盾，導致二次分手。

所以在這個過程中，我一方面幫學員採用合適的方法拉近兩人之間的關係，另一方面對學員進行兩性交往能力的培養。

希望其他想要挽回前任的朋友也能意識到，如果自身的核心問題得不到解決，就算挽回成功，下一次還是會因為同樣的原因而分手。

(4) 引導男生表白，確立戀人關係

在發現小樂已經徹底改變，也擁有了和對方更好相處的能力後，我立刻加速推進兩人的關係，更多地去引導小樂增加目標男生在這段關係中的投入度。

因為兩個人都喜歡養寵物，所以我讓小樂約男生一起遛狗，約會結束後，偷偷親一下男生的臉頰，然後害羞地跑開，給男生一定的可得性以及捉摸不透的神祕感。

這次見面後，男生明顯比之前主動了許多，主動約小樂過幾天去家裡看自己的寵物。

因為小樂是女生，所以我提前為她制定了約會計畫，告訴她在私密空間內不能主動將關係升級，只能進行暗示和引導。

　　在這次約會過程中，我讓她假借肩膀酸，暗示男生給她按摩，製造親密的肢體接觸，讓兩個人的心動感持續增強。

　　但當男生想要有進一步行為的時候，我讓小樂表達拒絕，並問男生：「你是不是喜歡我？」

　　最終，男生在這個心理賽局中敗下陣來，忍不住主動對小樂表白。小樂接受了男生的告白，並且表達了自己想要和男生長期認真交往的態度，由此正式確立了戀愛關係。

（5）關係穩固和長期植入

　　在之後的交往中，我為小樂制定了一套方案，讓她主動引導男生做一些有儀式感的事情鞏固兩個人的親密度，比如帶男生去自己童年經歷中最有意義的場所，一起看音樂劇，一起為兩隻狗改名字等等。

　　直到男生帶小樂見過父母後，雙方的情感才算徹底穩固。

挽回重點總結

1. 世界上沒有完全相同的兩個人，也沒有完全相似的感情，所以千萬不要套用別人挽回的方式。只有根據自身的實際情況，採取相應的策略，才能更好地挽回感情。

2. 愛一個人就要採用對方能夠接受的方式，任何套路都比不上一顆真心。

挽回已經有新歡的前任，算不算「扯後腿」

案例概述

男生，25 歲，在戶外活動的時候認識了女生，兩個人戀愛兩年。因為男生工作忙，經常忽略女生的感受，女生一氣之下提出分手。

男生試圖挽留過女生，但是女生表示，男生無法在戀愛中提供正常的陪伴，所以彼此可以做朋友，等到一切穩定了再考慮，現在不會考慮復合。

但是，半個月後，男生忙完了手頭的工作專案，想要挽回女生的時候，女生突然發文公布新戀情，而交往對象是兩年前追過她的男同事。

案例分析

前任和自己分手之後，短時間內另尋新歡 —— 遇到這類問題的人，來找我時幾乎都處於崩潰的狀態，他們認為本來挽回就已經是一件難事了，而對方這個時候還有了對象，這種狀況是一個死局。

但是，我持有相反的觀點：對方不脫單，情況還很難說；

對方若脫單，我們成功挽回的機率會直接飆升到 80%。

　　一個和你有感情基礎的人，在與你長期相處後，突然快速地進入下一段戀愛中，這段新戀情只會出現各種的不適應和摩擦，而且這種摩擦和不適應越多，越能凸顯你們在一起時有多麼的合適和甜蜜。這個時候，你的前任雖然脫單了，但實際上會更加懷念你。

　　等到對方發現自己根本沒辦法順利開始新戀情的時候，你出面挽回就會輕而易舉。

　　我讓男生詢問前任為什麼這麼快就開始新戀情，女生給出的答覆是：

　　「他對我很好，我說的話他都會放在心上，每天都會跟我說早安、晚安，隨時報備情況。我說一句肚子餓，他就會開車過來送宵夜給我。這些你可以做到嗎？你做不到！」

　　大家看出滿滿的資訊量了嗎？

　　首先，如果女生真的不在乎這個男生了，或者女生真的是因為喜歡現任而開始交往的，那麼她回覆男生只需要簡單敷衍幾句即可 —— 畢竟熱戀期的人，誰會有閒工夫搭理前任呢？

　　但是女生不依不饒地說了一堆話，表現出她對男生的強烈不滿和怨氣，這絕對是一件好事：前任對你怨氣越大，就說明她越在乎你們之間的感情，她根本沒辦法放下你們之間的過往。真正放下的人，根本沒有心情來指責你。

　　然後，我們再看看女生對現任男朋友的描述，可以發現

兩件事：

1. 女生說了半天現任男友如何「對自己好」，卻隻字未提「他很好」；

2. 女生看似在說男朋友對自己好，但是這一段話說下來，想表達的意思反而是 —— 你看看人家是怎麼當男朋友的！

這說明女生根本忘不掉曾經的男朋友，而現任男朋友只不過是她在孤獨寂寞之下找的一個臨時避風港。

另外，她的現任男友在兩年前就追求過她。如果她喜歡對方，那個時候就會接受，根本等不到現在。

所以現實情況就是：那個男同事為了追求女生，下了很大的功夫。

這種追求狀態就注定了一件事：現任的優秀表現，絕對不會長久。

不信的話你可以試試：堅持一個月對一個人每天問候，天天陪著聊天，對方說一句話，你就立刻去幫忙解決問題……你會知道這有多累，多難堅持。

現任對象追到女生，全靠自己的付出，但是這個付出根本無法持續，那麼一定會造成一個結果：他失去耐心，態度轉變，和女生之間出現各種摩擦與爭執，而女生會接受不了他的態度變化。

這個時候，本來就對現任沒有多少感情的女生，一定會

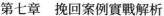

懷念起自己曾經的男朋友 —— 畢竟兩年交往下來，兩個人之間有深厚的感情基礎。

果然不出我所料，女生在一段時間之後發了一篇這樣的貼文：

「感覺變成了一個可有可無的存在，成為別人的打卡機。」

這條訊息顯示：現任已經開始失去耐心，相處的時候已經開始敷衍了事。

這個時候，我們就該行動了。

【挽回關鍵字】旁敲側擊，形成對比

挽回方式

我讓男生在網路社群發布了這樣一篇貼文：

「如果你馴養了我，我們就會彼此需要。對我來說，你就是我的世界裡獨一無二的了；我對你來說，也是你的世界裡的唯一了。」同時，配上《小王子》的圖片。

這是《小王子》當中的一段話，特別貼合女生此時的心境：我本來是想找一個很在乎我的人，但是我發現這個人其實並沒有那麼在乎我，我對於他而言也沒有什麼意義。

果然，女生按讚了這篇貼文。

藉著這個話題，我讓男生去和女生聊天，並告訴他，不

可以直接表達關心。因為她現在是別人的女朋友，如果直接表達關心，她的內心可能沒有辦法接受。因為女生內心不會願意承認自己是一個「吃碗內，看碗外」的人，不願意承認「當初是因為衝動才和現任在一起的」，更不願意承認自己忘不掉前任 —— 這會讓她覺得特別丟臉。所以如果男生表現得過於直接，女生可能因為面子問題而根本不回覆訊息。

但是，採用旁敲側擊的方式，她的接受度就會高很多。

在聊天的過程中，我讓男生傳了這樣幾條對話：

「小王子那麼愛玫瑰，但玫瑰卻那麼高傲。」（此時女生心中對現任可能存有不滿，這句話就是在暗示現任對她高傲、不在乎。）

「你其實一直在等一個人出現，來告訴你，你是獨一無二的，你是專屬於他的。而最讓你傷心的事情，莫過於你以為自己已經被一個人馴化了，卻忽然發現自己對於那個人而言，只不過是五千株玫瑰當中的一株而已。」（順應女生的情緒進行解讀，進一步為女生營造「還是他懂我」的感覺。）

這是基於對女生的充分了解，用旁敲側擊的方式來說出她內心的想法。

本來女生就對現任感到不滿了，她已經開始對比前男友與現任男友。這個時候，前男友突然表現得特別懂她，她會十分感動，覺得「還是你了解我，知道我在想什麼」。

大家一定要知道：你的前任迅速脫單並不是什麼糟糕的

事情，因為她只不過是不敢面對自己的情緒，在為自己找一個精神寄託。而這種不假思索就開始的戀愛關係，會出現很多問題。

你不需要特別努力去提升自己，因為她的現任一出錯，就可以顯示出你的優秀。

透過那次聊天，其實就已經在這個女生心中種下了一顆種子：我想要找的人是理解我的，是能夠在乎我的，是重視我的。我的現任根本不是這樣的人，他過了熱戀期之後就開始對我冷漠；而且我們之間出現了那麼多不合適，我們不該在一起。還是前男友懂我，他知道我在想什麼。

這顆種子，會在之後她和現任相處的過程中不斷生長。他們之間的每一次摩擦與爭吵，都會讓種子長得更快。而這顆種子破土而出的那天，就是他們分手的時候。

果然，不久之後，女生就與現任分手了，恢復了單身狀態。

這個時候，我們不能立刻出現，表示想要復合。我們只需要輕鬆自然地出現在她的面前，創造一個見面接觸的機會，就能很快回到一個不錯的相處狀態。

而在這個過程中，我指導這個男生從一些小事做起，要做到「她忘了的事情你還記得，她說過的話你放在心裡」。

男生也在這個過程中，逐漸意識到自己過去虧欠了女生太多。

所以，他也積極地做出了彌補。而女生也看到了男生的變化，感受到了男生的不同。

我看時機成熟了，就為男生設計了一次約會。

在兩個人第一次約會的地方，男生帶著女生回憶了當初兩個人在一起的時光，並且表示自己現在的工作已經穩定下來，會花更多的時間來經營兩個人的感情。而且，針對女生之前抱怨男生忽視自己感受的情況，他也表示：

「我過去不懂，一直追求工作、收入、業績。但是現在我知道了，那些事情並不是最重要的。我存在的意義，是讓一個人覺得我是獨一無二的。而你是唯一讓我有這種感覺的人。我不想就這樣失去一個對我而言這麼重要的人。」

這些話直接說到了女生的心坎裡，兩人順利復合。

挽回重點總結

1. 挽回已經有新歡的前任，非常重要的一點就是，不要讓對方覺得自己很衝動，很羞愧，要學會旁敲側擊，隱晦地傳遞你想表達的資訊。

2. 與其解釋自己的不得已，為自己辯解，和對方爭吵，還不如站在對方的立場和角度表示理解與尊重，這樣會有更好的效果。

挽回時，為什麼對方總是不願意給第二次機會

案例概述

諮詢者是一位女生，23 歲，大學畢業後因為工作壓力太大，所以經常和男友爭吵，並且不止一次以「沒有時間戀愛」為理由，想要和男朋友分手。

但是就在男生忍無可忍終於同意分手半年之後，女生感覺到後悔，想要挽回前任。

而在挽回的過程中，男生多次表示「你說的話不可信」、「我沒辦法信任你」、「誰知道你會不會改變想法」，一次次地拒絕女生的道歉，並且表示不願意再給女生機會。

女生十分絕望：「為什麼我一直真誠地道歉，但對方就是不願意接受，不肯再給我一次機會？」

案例分析

我們先來看看這位女生在挽回的時候，是怎樣與前任溝通的：

「你為什麼不願意相信我呢？我真的成熟了很多，不會再犯之前的錯誤了。」

「我跟你道歉很多次了，我真的十分後悔當初那樣冷落你。」

「你為什麼不願意接受我的道歉呢？我該怎麼做，才能讓

你知道，我是真的反省了。」

而男生的答覆是：「我知道你在成長，也在反省。我只是覺得，你這次來找我，與之前我們吵架後你口口聲聲地道歉，並沒有本質上的不同。即使原來的問題解決了，新的問題還是會出現，下一次你還是會以種種理由提出分手。我不想再經歷這種無止境的分分合合。」

我們分析一下女生的話語，就會發現，這種溝通方式是無用的。

的確，你道歉了；的確，你承諾了。但是，你根本沒有說清楚為什麼你意識到自己做錯了，也沒有講明白為什麼這樣的事情以後不會再發生了。

很多人不願意與前任復合，最主要的原因就是不想重蹈覆轍：我不至於完全不原諒你，但我想知道的是，如果你重新和我在一起，以後會不會再次傷害我？

很多人提出分手以後，雖然真的很後悔，很懊惱，但是他們挽回前任的時候可能根本就沒有考慮過這個至關重要的問題，所以他們沒辦法給出一個讓前任滿意的答案。

信任基礎一旦被破壞，是不會很快就重新建立起來的。要想建立彼此之間的信任，我們必須做的事情是：讓對方看到我們做的承諾不是空談。

【挽回關鍵字】自我改善，理性溝通

挽回方式

當你想要挽回前任的時候，所要傳遞的最重要也最有效的資訊是兩個：

第一，過去的問題已經不再是問題，不會再次發生，即使發生了，我也有十足的能力和把握來解決這個問題；

第二，我不僅認知到了自己的問題，而且為解決這個問題做出了積極的努力和改變。

所以，我給這位女生重新設計了挽回方案：停止騷擾對方，先在網路社群貼文裡展示自己的變化。

這個時候不需要和對方多說什麼，只有實際的改變才是最有力的證明。

就這樣，經過了一段時間以後，男生逐漸看到女生的轉變，態度也有所緩和。

在此基礎上，我指導女生透過聊天向男生傳達自己在思想與態度上的轉變，並且從主觀與客觀兩個方面來解釋說明。

比如：

當初經常向對方發脾氣，主觀原因是覺得對方不會真的離開自己，所以有恃無恐；客觀上，是因為當初剛進入社會，比較迷茫，融入不了公司的氛圍，以及工作壓力大，神經緊繃。

而現在這些問題已經解決了，是因為：第一，已經認知

到，自己那樣傷害對方，對方是會真的離開的，所以以後不會再有恃無恐地去做一些破壞兩人關係的事情；第二，經過一段時間的工作，已經能夠適應職場環境和工作內容，工作壓力已經相對減輕，不會再出現那種迷茫緊張的狀態了。

由於女生認真的反省與真誠的解釋，男生給予了女生充分的諒解，兩人很快重歸於好。

挽回重點總結

1. 很多人不願意與前任復合，並不是因為不愛前任了，或者討厭前任了，最主要的原因是不想重蹈覆轍。

2. 當你想要挽回前任的時候，必須傳達的最重要也最有效的資訊有兩個：過去的問題已經不再是問題，不會再次發生，即使發生了，我也有能力解決這個問題；我不僅認知到了自己的問題，而且為解決這個問題做出了積極的努力和改變。

3. 挽回過程中最重要的是擺事實、講道理，而不是一而再、再而三地嘗試用你們之間的感情來感化對方。只有讓對方感覺到你真的發生了變化，才會願意考慮與你重歸於好。

利用男生的捕獵心理，讓絕情的他後悔離開你

案例概述

諮詢者是一位女生，想要挽回前男友。

兩個人是經由朋友介紹認識的，接觸了幾天便開始交往。

但是，男生並沒有真的喜歡上女生，只是覺得女生的性格還算不錯，是個適合當老婆的人選，想要先交往看看；而女生對男生已經動了真心。

兩個人在一起也是平平淡淡，平時就是吃個飯，看個電影。男生越來越覺得無聊，對女生也越來越冷漠。

此外，男生有一個令他念念不忘的前女友。開始新戀情以後，男生越發想念前女友，不久便與現任女友提出分手。

也就是說，女生雖然一開始頂著「戀人」的身分，但實際上她在男生心中的地位根本就不是另一半，而更像是一個「備胎」。

女生十分心痛，也很惋惜，不甘心就這樣被分手。她想要給自己的感情討一個說法，想要自己喜歡的人能夠認真喜歡自己。

因此，女生找到了我，希望我能夠幫助她挽回前男友，並且加固兩個人之間的感情。

案例分析

第一，對於男生來說，與這位女生交往的原因，僅僅是「合適」，並非「喜歡」。

所以，兩個人的感情基礎十分薄弱，而且女生身上並沒有獨特的長處能夠吸引男生，給男生一種可有可無的感覺。

第二，兩個人剛認識就確立了戀愛關係，因此女生對於自己的形象和吸引力並沒有進行刻意的維持。

因此，在男生看來，這樣的女生或許很溫柔，很善解人意，但是缺乏異性的魅力，兩個人在一起並沒有熱情。

第三，女生平時的生活比較枯燥無趣，兩個人在一起的時間太短，也無法很好地挖掘共同話題和興趣嗜好，導致男生認為和女生在一起十分單調乏味，失去交流的興趣。

在女生本身就沒有什麼吸引力的情況下，交流的匱乏進一步導致男生對女生失去興趣。

第四，女生在感情當中得失心太重，生怕失去對方。恰恰是這樣的心態導致女生患得患失，過度卑微，不斷地討好對方。這樣的行為讓男生有一種「吃定了」女生的感覺，反而更加不珍惜女生對自己的感情，把女生當成一個「備胎」。

【挽回關鍵字】勇於表態，建立形象，展示候補人選

挽回方式

1 透過塑造外在形象和內在修養，重新吸引對方

　　透過前面的分析，我們可以看到，在男生看來，這位女生缺乏吸引力，自己在她身上找不到被吸引的感覺，所以提出了分手。正是因為魅力不足，男生才會懷念前任，懷念前任帶給自己的感覺。

　　對於這種初期吸引力不足導致對方懷念前任的情況，女生在形象上必須有所變化，讓男生把更多的心思花在自己身上，充分營造神祕感和危機感，男生自然會減少對於前任的回憶，而增加對女生的情感投資。

　　同時，充分培養自己的興趣愛好，豐富自己的生活，擴大自己的交友圈，擺脫枯燥無趣的一面。

　　我們要給男生創造出一種「我之前怎麼沒發現這個人這麼好」的感覺，要讓男生有一種因為錯過你而後悔的心理。

　　針對這位女生的實際情況，我對她進行突擊授課，讓她學會更具吸引力的溝通方式。

　　很多人都知道，若想重新吸引對方，必須從外在形象開始改變，但實際上，僅改變外在形象，雖然會讓對方重新注意到你，但是兩個人重新交流時，如果你還是像過去一樣言之無物，或者唯唯諾諾不敢說話，對方對你的改觀會很快消失。

　　若要重塑自己，既要重視外在形象，還要注重內在修養。

② 若即若離，植入挑戰性

當女生的各項吸引力初步建立以後，我讓她找目標男生聊天，試探目標男生的態度，同時有意識地展示自己的轉變。

這時男生開始主動，但是仍舊不提彼此感情關係的事情，說明男生還是把女生當成「備胎」，只不過這個「備胎」比以前更優質而已。

於是，我們刻意讓女生降低訊息回覆速度，甚至刻意不回對方訊息而去發布貼文，增加自己的挑戰性。

而這時，男生的情緒開始受到刺激，但在實際的言語中仍然是不尊重這個女生的。

很多人在感情當中有一個錯誤認知，他們會認為，在感情當中占據主動權的人，往往對弱勢的一方完全不在乎。

這就錯了，戀愛當中的主動和被動都是相生的關係，一個習慣強勢，習慣於被你秒回訊息的人，一旦失去了這樣的待遇，就會開始慌張。

因為他突然意識到，自己一旦失去了你，再也沒有人能讓他獲得被照顧、被關愛的感覺。

所以，此時男生的焦急情緒被一點點激發出來，但還是把自己放在上位者的姿態，完全不尊重這位女生。

但是我們必須明白，這個時候，男生越不開心，就表示越在乎女生。所以在這個階段，不要完全推開對方，要學會

吊對方胃口，並且適時給予一些回應，否則容易適得其反。

在這一階段，我們的目的僅僅是給男生製造不適感，讓男生意識到這個女生並不像想像得那麼容易受控制，自己不可以在感情當中任意妄為。

3 激化矛盾，備胎反擊

到這一步，我讓女生多展示一些男性朋友，不要把自己的精力都放在目標男生身上，要讓他知道，可能有很多男生在追求她，激發他的競爭意識和占有欲。

我讓女生開始接觸其他男性朋友，並發布在社群網站展示，這也是欲擒故縱的方法之一。因為，只有有效地推開，才能更好地拉回來。

這裡必須注意的是，不要和其他異性過於曖昧。

可能會有人認為，這樣豈不是容易讓對方更加討厭自己？

其實，在兩性交往中，要掌握好尺度，任何事情都有可能產生積極的一面。

在這裡告訴大家一個技巧：你可以展示出其他異性朋友，但是最好傳遞一種「若即若離」的態度。

比如：出去吃飯的時候拍一張照片，但是只露出異性的手，說一句「終於打卡喜歡的餐廳」—— 我沒有說這是我的追求者，但我們兩個人是單獨出來吃的飯。

比如：晒一些小禮物，不說是誰送的，配文「真沒想到，今天還有這個驚喜」── 這個驚喜是誰送的，那個人和我是什麼關係，我也不直接說。

前任只要開始進行猜測，就說明他開始在乎你了；只要開始著急了，就說明他已經開始在乎你了。

4 破而後立，重獲高位

透過前面的種種安排，前任已經成功上鉤，變得急躁不安。

這時，想要獲得對方的重視，就一定要敢於打破對方心中對你們關係的認知，讓他明白，不是你離不開他，而是他離不開你。

如果對方原本的認知不打破，那麼即使暫時復合，對方也不會珍惜你。

所以，我讓女生繼續傳達若即若離的態度，進一步激發男生的嫉妒心理。當男生的嫉妒心理達到極致的時候，甚至會忍不住將女生從自己的通訊軟體好友中刪除。

面對這種情況，很多人肯定會急著向對方解釋，殊不知，越解釋，越證明自己「廉價」。

要知道，男生的這種行為屬於典型的衝動行為，而且是無力感爆棚引發的衝動，覺得女生脫離了自己的掌控，因而產生了這種憤怒情緒。所以，冷靜之後伴隨而來的一定是後

悔，情感壓抑之下就會重新正視女生的重要性。

　　此時男生唯一的解決辦法就是主動求和，除此之外，沒有任何方式能改變現狀。

　　很有意思的是，女生在這個過程中極度恐慌，並不相信我的判斷，認為男生是個很愛面子的人，不會低頭，他做的決定是不會改的。

　　但實際上，男生的捕獵心態決定他一定會在極度憤怒之下有所行動。

　　結果，第二天男生就直接來到女生的公司樓下，擺出傲嬌的姿態質問女生為什麼要跟別的異性出去玩。

　　我提前就告訴女生，千萬不要妥協，穩住陣腳。終於，男生承受不住要失去對方的危機，向女生道歉，並提出復合。

⑤ 重塑關係，調整戀愛模式

　　挽回成功的那一刻，往往是最危險的時期，很容易將之前的所有努力化為烏有。所以，我最後教女生如何在人際交往中正確表達自己的需求，勇於提出自己的想法，而不是無條件地放低自己的原則和底線。

　　正是女生這樣的態度，男生再也不敢見異思遷，同時更加在乎女生的感受，主動和女生報備自己的行程，主動和女生撒嬌。女生也由原來的唯唯諾諾，變成了感情當中占據主導地位的一方。

雖然在戀愛中女生並不一定要占據多麼高的位置，但是在一段健康的戀愛關係中，女生一定要有讓對方重視自己的能力。

挽回重點總結

回顧一下挽回的過程，你會驚訝地發現，我們不僅幫助諮詢者挽回了前任，而且完全逆轉了兩個人之間的關係。

對方回到女生身邊的時候，已經不再是那個冷冷的高姿態的男生，相反，變成了一個會撒嬌、會主動報備自己行程的優秀男朋友。

這就是我一開始講的，很多時候並不是無法扭轉對方對你的態度，而是你不敢罷了。

在挽回當中，我們一定要有勇氣，有手腕，勇於表明自己的態度，展示自己的生活，也展示自己的其他備選項，讓對方意識到我們並不是非他不可，並不是要「在一棵樹上吊死」。

很少有人敢去嘗試這樣的挽回方式。但實際上，這樣的挽回方法不僅有效，而且能夠徹底扭轉敗局。

太容易得到的東西，人們往往不會在乎；反而是有挑戰性的，有危機的事情，更能引起人們重視 —— 這也就是我們所說的捕獵心態。學會利用這種心理，製造在感情當中的挑戰性和獎勵性，對方會更加在乎你，也會意識到真的離不

開你。

我希望這個案例能教會你們的,不僅僅是挽回的方法,還有在感情當中的心法和態度:

我很喜歡你,也很愛你,我當然希望和你好好地在一起。但是,我的生活裡也並非只有你,你也不能仗著我喜歡你就欺負我。如果我們兩個人想要長期交往,請你一定要給我應有的照顧、關愛和尊重。

幫助老公重振事業,他卻想要和我離婚

案例概述

女方 28 歲,男方 29 歲,兩人結婚兩年。

男方正在讀博士,但是論文一直沒有通過;而女方最近剛剛升任公司的專案經理。

兩人結婚後的兩年中,原本是夫妻共同承擔家庭開銷,但是因為男方的論文遲遲未能通過,而且之前談好的工作機會也因為外部景氣的因素被擱置,所以男方一直處在事業的低潮。

而女方事業發展順利,春風得意,經常在家中表現出很強的優越感,對男方的學業與工作指手畫腳,導致男方心態失衡,頻繁和女方爆發爭吵並且冷戰,透露出了離婚的想法。

因為兩個人戀愛多年,有深厚的感情基礎,而且男方曾

竭盡全力幫助女方家庭度過一些難關，所以女方放不下這段感情，想要挽回男方。但是，男方一直處於冷戰狀態中，不想和女方溝通。

案例分析

了解了基本情況之後，我判斷這個男人還是可靠的，並不是那種沒有本事賺錢還嫉妒老婆的人。

因為他本身還是很努力的，雖然在攻讀博士學位，但是同時也供養著家庭；而且寫博士畢業論文本身就是難度很高的事情，論文未能通過也並非他主觀不努力所致。至於工作的問題，更是由於發生意外情況才被擱置的。而且女方家庭出事的時候，男方曾全力相助，可見這個人還是很善良的，只不過近期處於事業低潮。

當我們判斷一個伴侶是否值得我們繼續投入時間和精力的時候，一定要看一看：這個人是處於短暫的、非主觀原因所導致的低潮，還是一貫不思進取；這個人在之前的感情當中是否承擔了應有的責任？

目前，兩人實力懸殊，導致一方出現心理落差，從而引發冷戰和分手，這是兩股力量碰撞出來的結果：目前處於低潮的一方，因為自尊心的原因，傾向自我保護、對外隔絕；而目前處在高位的一方，總喜歡用「我這麼做成功了，你這麼做也可以」的思考模式去教訓對方。因此，矛盾就爆發了。

根據女方的描述，她在與丈夫交流的過程中，曾不止一次說過這樣的話：

「你讀書讀傻了是不是？」

「你聽我的，一定沒有錯。」

「你靠自己根本沒有用！」

「工作方面，我的經驗比你豐富。」

　　可見，在日常交流中，女方總是擺出一副高高在上的姿態：我來指導你，我說的是對的，你要聽我的話。

　　而這種態度，是夫妻相處中最不應該出現的。

　　對於一個男人來說，在事業上受挫，不僅會產生挫敗感，還有羞恥感。

　　因為男性本身就有養家餬口的責任，博士畢業的他原本可以透過一份薪水豐厚的工作來證明自己的價值。但是，論文遲遲未能通過，工作機會也因大環境的影響而被擱置，他本身就很懊惱。而這個時候，女方藉著自己的優勢，對男方指指點點，當然會引發矛盾。

　　說到這裡，可能有人會問：「我這也是為了他好，想讓這個人更快地走出困境，不然我要袖手旁觀嗎？」 ── 前來諮詢的女士也有這樣的疑惑。

　　但我要告訴大家的是：面對這種情況，你只需要做一個傾聽者，陪在對方身邊，讓對方感受到理解和安慰。至於所面對的實際問題，他會自己去思考解決。他不是沒有能力解

決問題，只是需要一些時間整理思緒。

【挽回關鍵字】尊重對方，平等溝通

挽回方式

我根據他們的情況，給女方的建議是：先給對方一個臺階下，比如請求對方幫助做一些事情，凸顯對方的能力和重要性；然後真誠地表達自己的歉意。

何謂真誠地表達自己的歉意呢？

很簡單：你不要為自己辯解什麼，只需要為你給對方帶來不好的感覺這件事道歉。

果然，透過這樣的方式，男方的態度有所緩和，沒有再提離婚的事情。

之後，對於未來在婚姻中應該如何處理類似的問題，我給女方提出了一些建議：當對方遇到困難時，一定要先問對方的意見，問他是否需要自己提供幫助，不要理所當然地用自己認為正確的方式去干涉對方的事務——很多時候，我們以為這樣做是為對方好，但其實會給對方造成非常大的心理負擔。

兩個人能夠在一起不容易，尤其是對方陷入低潮的時候，更需要我們提供對方真正需要的幫助。

挽回重點總結

1. 判斷伴侶是否值得我們繼續投入時間和精力的時候，一定要看看：這個人是處於短暫的、非主觀的原因導致的低潮，還是一直不思進取；這個人在之前的感情當中是否承擔了應有的責任。

2. 兩人實力懸殊，導致一方出現心理落差，從而引發冷戰和分手，這是兩股力量碰撞出來的結果：目前處於低潮的一方，因為自尊心的原因，傾向自我保護、對外隔絕；而目前處在高位的一方，總喜歡用「我這麼做成功了，你這麼做也可以」的思考模式去指點對方。這樣，矛盾就爆發了。

3. 道歉就是道歉，不要藉著道歉的機會，試圖證明自己是正確的。

4. 當對方陷入低潮的時候，問問他是否需要自己提供幫助。不要理所當然地用自己認為正確的方式去干涉對方的事務 —— 很多時候，我們以為這樣做是為對方好，其實會給對方造成非常大的心理負擔。

脾氣太大氣走男朋友，只用一招成功挽回

案例概述

諮詢者是一位女生，她和男朋友已經交往了五年，之前感情一直很好。但是最近同居以後，女生經常因為生活上的各種小事大發脾氣。男朋友受夠了無止境的爭吵，主動提出分手。

女生試圖挽回對方，但是遭到了明確的拒絕。男生為了遠離女生，快速找房搬家，離開了她。

在之後的一次溝通當中，兩個人又因為之前共同撫養的寵物吵得天翻地覆。

至此，男生對女生的印象已經差到了極點，就連之前最喜歡的寵物都不想再見了，並且告訴女生「以後你離我的生活越遠越好」。

案例分析

兩個人已經交往五年，可以說要到談婚論嫁的程度了。根據雙方選擇同居也能夠看出，兩個人都在考慮接納對方進入自己的生活。可是，為什麼情況會急轉直下呢？

其實，主要還是由於女生的溝通方式出現了問題。

比如，當男生提出「我們分開一段時間吧！可能真的不是很合適」後，女生沒有進行有效的溝通，而是咄咄逼人地問：「你給我把話說清楚，什麼叫『分開一段時間』？」

在這個時候，男生還算是比較自制的，雖然已經有了分

手的想法，但是言語並沒有十分激烈。但是，女生咄咄逼人的態度，和這種一說話就吵架的方式，讓男生失去了和她繼續走下去的信心。

這是很多女生在與另一半相處的時候容易出現的一個問題：把自己不安的、焦慮的情緒轉化為咄咄逼人的溝通方式，以此來給對方施壓。

我們試想一下：處理生活中各式各樣的複雜問題本來就讓人心力交瘁，如果對方在這個時候還咬住你不放，不停地用一種類似「你把話說清楚，你是什麼意思」的咄咄逼人的態度來威脅你，會是什麼感受？

而且，這個女生並不想分手，甚至在分手之後狗狗生病時，她也很無助地去找了男生，結果見面就先指責了男生將近十分鐘，不停地和男生說「都是你不負責任」、「你從來沒在乎過我的感受」、「你對狗狗一點都不關心」，最後把本來還關心狗狗情況的男生徹底惹怒了。

事後，這個女生來找我的時候，我分析了她的問題。

很多人都會在感情當中犯一個錯誤：不敢真實地表現出自己的在乎，不願意向另一半展現自己的無助，甚至吝嗇認可另一半，而寧願把這種情緒轉化為指責和攻擊對方。

我們寧願說「你還知道要回來？怎麼不死在外面」，也不願說「我真的很需要你的陪伴，沒有你在身邊，缺乏安全感」。

我們寧願說「你什麼意思，是不是不想好好在一起了」，也不願說「我需要你，不想失去你」。

我們寧願指責對方「你從來都不在乎我」，也不願說「我真的很需要你的幫助，我真的很無助」。

來我這裡諮詢的很多女生都出現過這樣的問題：她們嘴上說著對前任的百般嫌棄、千般厭惡，但實際上她們很在乎對方。她們的不滿其實源自於內心缺乏對感情的安全感，她們的情緒化是為了引起對方的注意。但是，她們總是無法好好說話。

【挽回關鍵字】收斂情緒

挽回方式

我彙整了這個女生在過往感情中出現的溝通問題，並且在溝通想法上重新進行了改善，讓她去練習怎麼向另一半表達自己的真實情感，而不是指責和控訴。

而且透過給狗狗看病這件事情，我指導這個女生重新聯絡男生，並且從旁協助她聊天，真誠地表達出自己現在特別無助，希望男生能夠幫幫自己的想法；也藉機承認了自己之前的行為是非常傷害男生感情的。

本來就是相處多年的情侶，男生看到女生態度轉變之後，也主動陪女生帶狗狗去寵物醫院治療。

而女生也藉此機會表達了對男生的感謝，認可了男生對她的重要性。男生看到了女生的改變，態度立刻轉暖，告訴女生，需要幫助的時候可以聯絡自己。

　　幾天後，男生主動提出要看一下狗狗。

　　藉著一起遛狗的機會，我幫助女生想好了一套挽回對方的陳述：先藉著帶寵物狗就醫這件事，再次表示對男生的認可和感謝，然後反省自己在過往感情當中的一些錯誤舉動，最後真誠地向男生道歉，告訴男生自己其實一直都很需要他，但是自己的溝通方式有問題，反而傷害了男生的感情。

　　男生聽了這些話後也十分感動，主動和女生說，自己其實也不是一定要做得那麼絕，是女生之前的態度讓自己實在無法忍受，其實都是一些小摩擦，如果兩個人以後能夠好好說話，還是願意重新回到女生身邊的。

　　我們可以明顯地發現，男生的態度發生了急遽轉變：先是對女生特別反感，一說話就吵架；而當女生調整溝通方式以後，卻主動幫忙，甚至提出復合。

　　可見，選擇正確的溝通方式，對維護感情是十分重要的。

挽回重點總結

　　很多人在戀愛中都容易犯一個錯誤，就是過度情緒化，

並且將不良情緒透過語言發洩出來。不敢正視自己的無助和對對方的需求，反而一開口就指責對方。但是實際上，這種指責是因為我們在無助之時產生了憤怒，而這種憤怒恰恰源自於我們過度在乎對方。

既然在乎對方，為什麼不能用柔和的語氣與對方好好溝通呢？為什麼不敢面對自己的感情呢？

你要知道，很多時候，把話說開，是沒有那麼難的。

被前任討厭到封鎖，竟然也能順利挽回

案例概述

諮詢者是一位男生，24歲，和女朋友在大學時期戀愛，一起經歷了整個大學四年的時光。

進入職場後，男生還是像過去一樣貪玩、不求上進；而女生感受到現實的壓力，十分焦慮。女生指責男生不成熟、不上進，而男生反而責怪女生多管閒事。冷戰三個月後，女生提出分手。

男生想盡了一切辦法來挽回女生，但是由於在情緒失控的狀態下對女生進行了訊息轟炸，還去女生住的地方糾纏，導致女生十分厭惡男生，陸續封鎖了男生的多種聯絡方式，並且嚴肅警告男生：再傳訊息，就會封鎖男生的手機號碼。

案例分析

　　明明出現了矛盾和衝突，但是冷戰三個月之後才提出分手；明明已經被男生的訊息轟炸，但是一直沒有封鎖男生的手機號碼，其他聯絡方式也是陸續封鎖。可見，女生對男生不是沒有感情，而是忍無可忍後才下了最後通牒。

　　在這個時候，女生對男生的印象已經跌至谷底，必須依靠其他方式才能重新建立起自己的形象，讓女生給自己一個機會。而建立形象這件事，一定不能讓他親自做，否則在女生看來，不僅沒有可信度，反而會被看作新一輪的騷擾。

> **【挽回關鍵字】**引入「中立第三方」，掌握關鍵時間

挽回方式

　　我了解到案例的基本情況後，第一時間和男生進行了長達兩個小時的電話溝通，穩定男生的情緒，分析了現在的情況，並制定以後的策略。

　　但是，男生認知到自己在之前挽回中所犯的錯誤後，問我是否可以向女方道歉，被我制止了。理由有三點。

- ♥ 女方已經發出了嚴厲的警告，這時即使去道歉，女方也會因為情緒激動，而做出一些對雙方不利的行為。
- ♥ 這個時候，女方對男生的印象已經跌到了谷底，男生的

254

話語再真誠，女方也聽不進去。

♥ 此時男生處在急於求成的心理狀態，一旦與女方聯絡，是很難僅僅透過道歉來解決問題的，說著說著一定會再次試圖挽回女方，這樣只會令女方對他的印象進一步惡化。

大家要記住一件事：只有當彼此對對方都沒有太多負面情緒的時候，才能實現「好聚好散」。

當對方因為某件特別反感的事情與你分手的時候，或者對方對你的一些行為持續不滿而提出分手的時候，你是沒有必要再去反覆向對方道歉的。

我告訴男生：在對方對你強烈不滿，並且封鎖你很多聯絡方式的情況下，你怎樣表現都沒有意義。你必須引入第三方來為你背書，讓第三方將你的近況和你的想法逐步傳遞給你的前任。

男生想了想，說了三個他認為可以去做這件事的人。

A：女方的閨蜜、大學室友，畢業後與女方合租，對於女方說話很有說服力。之前與男生在學校屬於同一個社團，所以也認識男生。

B：男生的朋友，大學時關係最好的兄弟；因為過去與男生形影不離，所以也認識女方，並且加過女方的臉書好友。女方和男生分手後並沒有封鎖他。

C：男生的大學同班同學，也是男生的同鄉；和女方曾

經同為志願者協會的成員；三個人都是大學同學，所以上大學時經常一起選課，一起完成報告。

這個時候，很多人都會在 A 和 B 中選，要麼覺得 A 和女方關係好，說話管用；要麼覺得 B 和男生關係好，一定會盡力幫忙 —— 實際上，都選錯了。

A 是女方的閨蜜，和男生只是認識而已。由於男生的所作所為導致兩人分手，因此 A 一定會站在維護女方的立場上，根本不會搭理男生，甚至對男生還可能存在很強烈的不滿情緒。

B 是男生的朋友，只要 B 一開口，女方絕對知道是男生在試圖挽回她，只會更加討厭男生，甚至連著 B 一起討厭。

我們選取「獨立第三方」的時候，一定要選擇這樣的人：和兩個人都認識，但是與兩個人的關係都不算親密；對你們之間的感情有印象，但並不十分清楚實際情況。

只有這樣的人，才能夠在不引起對方警覺的情況下，逐漸滲透一些資訊給對方。而第三方也根本不是去當一個說客，只要偶爾傳遞一些資訊給女方，讓女方的態度逐漸轉變。

正是因為第三方和兩個人都認識，所以可以很自然地搭話；也正是因為第三方與兩個人的關係都不算親密，並不知道你們交往與分手的實際情況，所以會本能地覺得惋惜，願意幫助你們復合。

以其他事情為藉口，男生第一次約見了女生 C，拜託對方這樣的任務。

我告訴男生，不要讓 C 在女方面前說他的好話，只需要在聊天的時候適當插一句話：「我最近看到 ××× 了，聊了幾句，他說最近在備考研究所，這傢伙挺上進的啊！」

這就夠了，千萬不要讓第三方跑到女方那裡對你讚不絕口，這樣做目的性太強，對方一定會有所警覺。

在分手半個月後，女方從 C 口中得知男生正在認真備考研究所。因為是第三方傳遞的資訊，再加上此時女方的情緒已經穩定，所以並沒出現太強烈的負面情緒，還產生了一點好奇感。

當然，這個時候男生也沒有閒著，我要求他不斷提升自己的程度，不論是最新的學習進度，還是工作的成果，抑或是自己外在形象的變化，都及時發布到網路社群。

男生很不解地問我，前任已經在好友名單中刪除了自己，這麼做有什麼意義。

我告訴他：第一，雖然前任看不到你的網路社群帳號，但是第三方可以偶爾截圖發給前任，表示：「他居然被公司升遷了，我判斷失誤了！」、「這是 ××× ？感覺變化好大啊！」

第二，當你的改變成果越來越多的時候，前任意識到你的變化，即使她刪除了你，也會特別好奇地偷偷觀察你最近的動態。

而你的一次次改變與進步，都會讓前任對你的態度逐漸扭轉。

　　透過第三方傳遞的資訊，我們得知，女方已經逐漸了解男生改變的情況，對男生的態度開始逆轉；另外，女方已經開始主動回憶過去兩人交往的事情，說明對男生的感情再次被激發。

　　而我看到這樣的情況，就和男生說：「我們可以行動了。」

　　我親手為男生代寫了一封幾千字的長信，主要包括以下幾個方面的內容。

- ❤ 問候對方，並表達對對方的懷念。
- ❤ 講述自己這段時間的進步，以及自己對於過往所作所為的反省和歉意。
- ❤ 表示還想和對方做回朋友，絕對不騷擾對方。

　　我和男生說，馬上就到 12 月末了，你就在 12 月 31 日晚上，透過一般人根本想不到的電子信箱發給她：「雖然她之前警告你不准聯絡她，但是你已經不是當初的你了，如今她對你已經沒有那麼反感了。這是一個關鍵時間點，在這個很多人都和朋友伴侶相聚跨年的時候，一個改變之後的你發來的訊息，會讓她重新想起你們甜蜜的過去，而且會極大程度地激發她的感情。」

　　但是男生提出了一個問題：「既然這樣，為什麼不直接說復合呢？」

　　我告訴他：「你們的分手原因是前任對你抱有負面印象，在剛剛恢復聯繫的時候，除非對方主動提起，不然我們絕對不要說任何與復合有關的字。因為你一說，又會讓她想起你當初求復合時死纏爛打的樣子，她會覺得其實你根本沒意識到自己的錯誤，之前的一切都是你的鋪陳，都是為了挽回她而使出的手段。」

　　果然，在一月一日零點三十分的時候，女方把男生從通訊軟體黑名單裡拉了出來。這個時候，我非常擔心這個男生情緒過於激動，又開始請求復合，所以再次強調了平常心的重要性。

　　而正是因為之前第三方傳遞了資訊，女方意識到了男生的改變，又透過長信看到了男生的反省和成熟，所以當女方恢復與男生的聯繫的時候，對男生已經沒有了當初的厭惡。

　　後來，兩個人相約見了一次面，一起吃了飯，聊了天，順其自然地復合了。

挽回重點總結

1. 只有當彼此對對方都沒有太多負面情緒的時候，才能實現「好聚好散」。當對方因為某件特別反感的事情與你分

手的時候，或者對方對你的一些行為持續不滿而提出分手的時候，你是沒有必要再去反覆向對方道歉的。

2. 我們選取「獨立第三方」的時候，一定要選擇這樣的人：和兩個人都認識，但是與兩個人的關係都不算親密；其對你們之間的感情有印象，也見證過，但並不十分清楚實際情況。

3. 當你的改變成果越來越多的時候，前任會意識到你的變化，即使她在通訊錄中封鎖了你，也會特別好奇地偷偷觀察你最近的動態。

4. 挽回信必須包含以下三項內容：一是表達對對方的問候，並表達對對方的懷念；二是講述自己近期的進步，以及自己對於過往行為的反省和歉意；三是表示還想和對方做朋友，並承諾絕對不會騷擾對方。

5. 任何前任對你抱有負面印象導致的分手，在剛剛恢復聯繫的時候，除非對方主動提起，不然我們絕對不要說任何關於復合的話。

被前任討厭到封鎖，竟然也能順利挽回

電子書購買

國家圖書館出版品預行編目資料

戀愛諮商師的「分手課」：吵架沒勝算、約會嫌麻煩、腳踏兩條船……各種奇葩的諮商個案，教你怎麼分手分得好看！ / 九顏 著 . -- 第一版 . -- 臺北市：崧燁文化事業有限公司 , 2023.08
　　面；　公分
POD 版
ISBN 978-626-357-571-4(平裝)
1.CST: 兩性關係 2.CST: 戀愛心理學 3.CST: 個案研究
544.37014　　　　　112012627

戀愛諮商師的「分手課」：吵架沒勝算、約會嫌麻煩、腳踏兩條船……各種奇葩的諮商個案，教你怎麼分手分得好看！

臉書

作　　　者：九顏
發 行 人：黃振庭
出 版 者：崧燁文化事業有限公司
發 行 者：崧燁文化事業有限公司
E - m a i l：sonbookservice@gmail.com
粉 絲 頁：https://www.facebook.com/sonbookss/
網　　　址：https://sonbook.net/
地　　　址：台北市中正區重慶南路一段六十一號八樓 815 室
Rm. 815, 8F., No.61, Sec. 1, Chongqing S. Rd., Zhongzheng Dist., Taipei City 100, Taiwan
電　　　話：(02)2370-3310　　傳　　　真：(02) 2388-1990
印　　　刷：京峯數位服務有限公司
律師顧問：廣華律師事務所 張珮琦律師

-版權聲明

定　　　價：350 元
發行日期：2023 年 08 月第一版
◎本書以 POD 印製
Design Assets from Freepik.com